brv *motivation classics*

William Walker Atkinson

Gedankenvibration

oder

Das Gesetz der Anziehung in der Gedankenwelt

brv *motivation classics*

Atkinson, William Walker
»GEDANKENVIBRATION oder Das Gesetz der Anziehung in der Gedankenwelt«
Bensheim, 2008.

Das vorliegende Werk basiert auf der Originalausgabe »Thought Vibration or The Law of Attraction in the Thought World« von William Walker Atkinson, die 1906 veröffentlicht wurde.

Übersetzung aus dem Amerikanischen: Gerhard Reichmann
Umschlaggestaltung: www.webdesign-homepage-berlin.de

ISBN 13: 978-3-938219-06-5
ISBN 10: 3-938219-06-8

Inhalt

1
Das Gesetz der Anziehung in der Gedankenwelt

DAS UNIVERSUM wird durch Gesetze regiert - von *einem* großen Gesetz. Seine Manifestationen sind vielgestaltig, doch vom Höchsten aus gesehen gibt es nur das eine Gesetz. Wir sind mit einigen seiner Manifestationen vertraut, andere hingegen kennen wir so gut wie überhaupt nicht. Und doch lernen wir jeden Tag hinzu - der Schleier wird langsam gelüftet.

Gescheit sprechen wir vom Gesetz der Gravitation, ignorieren jedoch diese ebenso wundersame Manifestation, das GESETZ DER ANZIEHUNGSKRAFT IN DER GEDANKENWELT. Uns ist diese erstaunliche Gesetzes-Manifestation bekannt, welche die Atome anzieht und zusammenhält, durch die Materie gestaltet ist - wir kennen die Kraft des Gesetzes, das Körper an die Erde fesselt, das die kreisenden Welten in ihren Bahnen hält, aber wir verschließen unsere Augen vor dem gewaltigen Gesetz, das die Dinge, nach denen wir verlangen oder die wir fürchten, an uns heranzieht, das unser Leben erhält oder zerstört.

Wenn wir erst einmal erkennen, dass Gedanken eine Kraft sind - eine Manifestation von Energie - mit einer geradezu magnetischen Anziehungskraft, beginnen wir das Warum und Wie so vieler Dinge zu verstehen, die uns bisher verborgen schienen. Kein anderes Studium macht sich so sehr bezahlt wie das Studium der Arbeitsweise dieses mächtigen Gesetzes der Gedankenwelt - des Gesetzes der Anziehungskraft.

Beim Denken senden wir Schwingungen aus, die aus einer feinen ätherischen Substanz bestehen und so echt sind wie die Wellen des Lichts, der Elektrizität und des Magnetismus. Dass diese Vibrationen für unsere fünf Sinne nicht wahrnehmbar sind, ist kein Beweis für ihre Nicht-Existenz. Ein starker Magnet sendet Schwingungen aus und wendet eine Kraft an, die genügt, um ein hundert Pfund schweres Stahlstück an sich zu ziehen, aber wir können diese mächtige Kraft weder sehen, noch schmecken, noch riechen, noch hören oder fühlen. Ebenso wenig können diese Gedankenschwingungen auf normale Weise gesehen, geschmeckt, gerochen, gehört oder gefühlt werden, obwohl wir von Personen wissen, die psychischen Eindrücken gegenüber eigenartig empfindlich sind und die gewaltige Gedankenwellen wahrgenommen haben. Auch können sehr viele von uns bezeugen, die Gedankenschwingungen anderer deutlich gefühlt zu haben, sowohl im Beisein des Aussenders als auch über größere Entfernungen hinweg. Telepathie und ihre verwandten Phänomene sind keine leeren Träume.

Licht und Hitze werden von Vibrationen erzeugt, die eine weit niedrigere Intensität aufweisen als Gedanken, doch der Unterschied liegt einzig in der Schwingungsrate. Wissenschaftliche Veröffentlichungen werfen ein interessantes Licht auf diese Frage. Prof. Elisha Gray, ein angesehener Naturwissenschaftler, sagt in seinem kleinen Buch Die Wunder der Natur:

»Wir haben Grund zu der Annahme, dass es Schallwellen gibt, die kein menschliches Ohr hören und farbige Lichtwellen, die kein Auge sehen kann. Der lange, dunkle, lautlose Raum zwischen 40.000 und 400.000.000.000.000 Schwingungen pro Sekunde und die Unermesslichkeit des Bereichs über 700.000.000.000.000 Schwingungen pro Sekunde, wo das Licht aufhört, im Universum der Bewegung, lässt eine Menge an Spekulationen zu.«

In seiner Arbeit *Kurze Ausflüge in die Wissenschaft* bemerkt M.M. Williams: »Zwischen den schnellsten Wellenbewegungen oder Erzitterungen, die unsere Geräuschempfindungen produzieren und den langsamsten davon, die uns ein Gefühl sanftester Wärme vermitteln, gibt es keine Abstufung. Zwischen ihnen klafft eine gewaltige Lücke, die breit genug ist, eine andere Welt der Bewegung zu beherbergen, die zwischen unserer Welt der Geräusche und unserer Welt der Wärme und des Lichts liegt; und es gibt nicht den geringsten guten Grund anzunehmen, dass Materie zu solch intermediärer Aktivität unfähig ist oder dass solche Aktivität nicht zu intermediären Empfindungen führen könnte, vorausgesetzt, es sind Organe vorhanden, die ihre Bewegungen aufnehmen und ins Wahrnehmbare umsetzen.«

Ich zitiere die obigen Autoritäten nur, um Denkanstöße zu liefern, nicht um dir die Tatsache zu vermitteln versuchen, dass Gedankenschwingungen existieren. Letztere Tatsache wurde von zahlreichen Erforschern dieses Phänomens bereits zur Genüge bestätigt und eine kleine Reflektion wird dir zeigen, dass dies mit deinen eigenen Erfahrungen übereinstimmt.

Wir hören öfters die bekannte, der Geisteswissenschaft entlehnten Aussage: »Gedanken sind Dinge« und wiederholen diese Worte, ohne uns ihrer eigentlichen Bedeutung voll bewusst zu sein. Würden wir die Wahrheit der Aussage und die ihr zugrunde liegenden natürlichen Konsequenzen voll erfassen, könnten wir viele Dinge verstehen, die uns bislang unklar erschienen, und wir wären in der Lage, diese wundervolle Macht, die Gedankenkraft, zu nutzen – so wie wir jede andere Form von Energie nutzen.

Ich sagte bereits: Wenn wir denken, lösen wir sehr hoch schwingende Vibrationen aus, die jedoch genauso wirklich sind wie die Vibrationen des Lichts, der Wärme, der Töne und der Elektrizität. Und wenn wir die Gesetze beherrschen, die die Erzeugung und Übermittlung dieser Vibrationen regeln, werden wir sie in unserem täglichen Leben einsetzen können, genauso wie wir es mit den bekannteren Formen der Energie tun.

Dass wir diese Schwingungen nicht sehen, hören, wiegen oder messen können, ist kein Beweis für ihre Nicht-Existenz. Es gibt Tonfrequenzen, die kein menschliches Ohr hören kann, obwohl einige davon zweifellos z.B. von Insekten wahrgenommen werden; andere wiederum werden von komplizierten Messinstrumenten registriert, die der Mensch erfunden hat. Und dennoch besteht eine große Kluft zwischen den Tonfrequenzen, die vom feinsten Messinstrument aufgenommen werden können und dem Limit, das vom menschlichen Verstand - indem er logische Vergleiche zieht - als die Grenzlinie zwischen Klangwellen und einigen anderen Formen der Schwingung empfunden wird.

Und dann gibt es Lichtwellen, die das menschliche Auge nicht wahrnimmt, die aber von empfindlichen Instrumenten aufgespürt werden können; andere wiederum sind so fein, dass sie wohl erst in Zukunft von Instrumenten entdeckt werden, die es heute noch nicht gibt; allerdings geht die Entwicklung auf diesem Gebiet Jahr für Jahr zügiger voran.

Mit jedem neu erfundenen Instrument werden auch neue Schwingungen gemessen - und doch waren die Schwingungen vor der Erfindung des Instruments so real wie danach. Angenommen, wir hätten keine Geräte, die den Magnetismus registrieren könnten - es wäre sicher gerechtfertigt, die Existenz dieser mächtigen Kraft zu verleugnen, weil man sie weder mit den fünf Sinnen erfassen noch wiegen oder messen könnte. Und doch würde der machtvolle Magnet genügend Kraftwellen aussenden, um einige hundert Pfund schwere Stücke aus Stahl an sich heranzuziehen.

Jede neue Form der Schwingung erfordert ihr eigenes Messinstrument. Zur Zeit scheint das menschliche Gehirn das einzige Instrument zu sein, welches in der Lage ist, Gedankenwellen zu registrieren - obwohl Hellseher voraussagen, dass noch in diesem 20. Jahrhundert entsprechende Apparate von der Wissenschaft entwickelt werden. Doch für diejenigen, welche bereits analog der praktischen Telepathie experimentiert haben, ist außerhalb der Ergebnisse ihrer eigenen Experimente kein weiterer Beweis notwendig.

Wir senden ständig Gedanken mit mehr oder weniger großer Intensität aus, und wir ernten die Resultate solcher Gedanken. Unsere Gedankenwellen beeinflussen nicht nur uns selbst und andere, sondern sie haben eine Anziehungskraft - sie ziehen die Gedanken anderer sowie Dinge, Umstände, Leute, »Glück« usw. in unser Leben, und zwar im Einklang mit dem Charakter der Gedanken, die uns am meisten beschäftigen. Unsere Gedanken der Liebe werden mit der Liebe anderer erwidert; unsere Umstände und Umgebungen entsprechen stets dem, was wir denken; Menschen, die ebenso denken wie wir, fühlen sich uns hingezogen. Gedanken der Wut, des Hasses, des Neids, der Böswilligkeit und der Missgunst ziehen die faule Brut gleichartiger Gedanken an, die den Gemütern anderer entweichen; sie ziehen die Umstände an, in denen sich diese üblen Gedanken manifestieren, was wiederum neues Übel anzieht; sie ziehen Leute an, die Uneinigkeit säen, und so weiter.

Ein starker Gedanke oder ein lang genug gehegter Gedanke macht uns zum Zentrum der Attraktivität für die entsprechenden Gedankenwellen anderer. In der Gedankenwelt zieht Gleiches Gleiches an - was ihr säet, das werdet ihr ernten. Gleichgesinnte rotten sich in der Gedankenwelt zusammen - Flüche kehren wie Hühner zurück in ihren Stall und bringen ihre Freunde mit.

Die Männer und Frauen, die mit Liebe erfüllt sind, sehen überall Liebe und ziehen die Liebe anderer an sich. Der Mensch mit Hass in seinem Herzen bekommt all den Hass, den er ertragen kann. Der streitsüchtige Typ muss sich erst einmal durch alle möglichen Streitereien kämpfen, bevor er sein Ziel erreicht. Und so geht es weiter und weiter; jeder bekommt das, was er über die drahtlose Telegrafie des Bewusstseins einfordert.

Der Mann, der morgens schlechtgelaunt aufsteht, bringt es in der Regel fertig, noch vor dem Ende des Frühstücks die ganze Familie in die gleiche Stimmung zu versetzen. Die ständig herumnörgelnde Frau findet während des Tages meist genug Gründe, um ihren Hang zum Nörgeln zu befriedigen.

Das Gesetz der Gedankenanziehung ist eine sehr ernst zu nehmende Angelegenheit. Wenn du länger darüber nachsinnst, wirst du sehen, dass der Mensch sich tatsächlich seine eigene Umgebung schafft, obwohl er andere für sein Schicksal verantwortlich macht. Ich kannte Leute, die dieses Gesetz verstanden hatten und ein heiteres, positives Denken pflegten; von den sie umgebenden Disharmonien blieben sie völlig unberührt. Sie waren wie das Gefäß, aus dem Öl auf die Wogen gegossen worden war - sie ruhten sicher und gelassen inmitten des um sie herum wütenden Sturmes.

Hat man erst einmal die Funktionsweise des Gesetzes begriffen, können einem die unberechenbaren Stürme des Lebens nichts mehr anhaben. Wir haben das Zeitalter des körperlichen Aufwands durch das Zeitalter der intellektuellen Überlegenheit abgelöst und betreten nun ein neues und fast unbekanntes Gebiet: das der psychischen Kräfte. Diese Welt hat wiederum ihre eigenen etablierten Gesetze und wir sollten uns mit ihnen vertraut machen, oder wir werden gegen die Wand gedrückt wie die Unwissenden, die sich auf den Ebenen der Mühsalen herumplagen.

Ich werde versuchen, dir die großartigen Prinzipien nahe zu bringen, die diesem sich uns langsam öffnenden Energiefeld zugrunde liegen. Damit sollst du befähigt werden, diese große Macht zu nutzen und für legitime und edle Zwecke einzusetzen, gerade so wie die Menschen von heute die Elektrizität und andere Formen der Energie nutzen.

2
Gedankenwellen und ihr Prozess der Vermehrung

ÄHNLICH EINEM ins Wasser geworfenen Stein produziert ein Gedanke Kräuselungen und Wellen, die sich über den großen Ozean der Gedanken ausbreiten. Es gibt jedoch einen Unterschied: Die Wellen auf dem Wasser bewegen sich nur waagerecht in alle Richtungen, Gedankenwellen hingegen breiten sich von einem gemeinsamen Zentrum in alle Richtungen aus, so wie es die Strahlen der Sonne tun.

Genauso, wie wir hier auf Erden von einem mächtigen Ozean aus Luft umgeben sind, sind wir von einem mächtigen Ozean aus Bewusstsein umschlossen. Unsere Gedankenwellen eilen durch diesen weiten geistigen Äther, sie erstrecken sich jedoch in alle Richtungen, wobei ihre Intensität im Verhältnis zur durchquerten Entfernung nachlässt. Der Grund dafür ist, dass die Wellen eine Reibung verursachen, wenn sie mit dem riesigen, uns auf allen Seiten umgebenden Bewusstseinsfeld in Berührung kommen.

Diese Gedankenwellen besitzen andere Qualitäten als die Wellen auf dem Wasser. Sie haben die Eigenschaft, sich selbst zu reproduzieren; in dieser Hinsicht ähneln sie eher den Klangwellen als den Bewegungswellen des Wassers.

Genauso wie der Ton einer Violine ein dünnes Glas zum Vibrieren und »Singen« bringen kann, vermag ein starker Gedanke ähnliche Vibrationen in den Köpfen auslösen, die auf seinen Empfang eingestellt sind. Viele der »schweifenden Gedanken«, die zu uns kommen, sind nichts anderes als Reflektionen oder antwortende Vibrationen auf irgendeinen starken Gedanken eines anderen

Menschen. Doch wird uns der Gedanke wahrscheinlich nicht beeinflussen, es sei denn, unser Bewusstsein ist empfangsseitig darauf eingestellt. Wenn wir anspruchsvolle und positive Gedanken denken, nimmt unser Bewusstsein eine bestimmte Grundhaltung an, die dem Charakter dieser Gedanken entspricht. Und ist diese Grundhaltung des Denkens einmal festgelegt, wird es uns leicht fallen, die Gedankenvibrationen anderer Menschen aufzufangen, die das Gleiche denken. Verfallen wir hingegen einem Gewohnheitsdenken mit eher negativem Charakter, werden wir bald die gleiche niedrige Denkungsart reflektieren, das tausend andere in ähnlicher Weise ausstrahlen.

Wir sind weitgehend das Produkt unseres eigenen Denkens; nur ein kleiner Teil von uns wird durch den Charakter der Suggestionen und Gedanken anderer Menschen geprägt, die uns entweder direkt mittels verbaler Kommunikation oder telepathisch mittels Gedankenwellen erreicht haben. Unsere allgemeine geistige Haltung bestimmt jedoch den Charakter der Gedankenwellen, und zwar gleichermaßen die, welche wir von anderen erhalten, als auch die, welche von uns selbst ausgehen. Wir empfangen nur solche Gedanken, die in Harmonie mit der allgemeinen, von uns selbst angenommenen Geisteshaltung sind; alle mit unserer Geisteshaltung nicht harmonisierenden Gedanken berühren uns kaum, da sie keine Resonanz in uns zu wecken vermögen.

Der Mensch, der fest an sich selbst glaubt und sich eine positive, starke Geisteshaltung voller Zuversicht und Entschlossenheit bewahrt, kann von den pessimistischen und negativen Gedanken der Entmutigung und des Misserfolgs nicht berührt werden, die vom Bewusstsein anderer, bei denen diese Eigenschaften vorherrschen, ausgehen. Umgekehrt vertiefen diese negativen Gedanken bei jemandem, dessen geistige Verfassung ohnehin schon in den Keller gesunken ist, den negativen Gemütszustand und gießen Öl ins Feuer, das seine Kräfte verbraucht; oder, anders ausgedrückt, sie dienen dazu, das Feuer seiner Energien und Aktivitäten noch schneller zu ersticken.

Wir ziehen die Gedanken anderer an, die ähnlich wie wir denken. Die an Erfolg denkende Person wird geneigt sein, sich ins Bewusstsein anderer einzuklinken, die wie sie denken; sie werden ihr helfen und sie ihnen. Die Person, die ihrem Bewusstsein erlaubt, sich ständig mit Versagensängsten herumzuschlagen, bringt sich selbst in engen gedanklichen Kontakt mit anderen »Versagern«, und sie alle tendieren dazu, sich gegenseitig immer nur noch weiter nach unten zu ziehen. Der Mensch, der hinter allem nur Böses vermutet, ist prädestiniert, viel Böses zu sehen und kommt natürlich in Kontakt mit anderen, die ihm seine Theorie zu beweisen scheinen. Hingegen wird die Person, die in allem das Gute sieht, mit hoher Wahrscheinlichkeit die Dinge und Leute anziehen, die ihrem positiven Denken entsprechen. Wir sehen generell das, wonach wir Ausschau halten.

Diese Idee wird dir etwas klarer werden, wenn du an die drahtlosen Telegrafenempfänger denkst, die nur Frequenzen von dem absendenden Gerät empfangen, das auf den gleichen Code eingestimmt wurde, während andere Telegramme durch die Luft nebenan gehen, ohne das Empfangsgerät zu beeinflussen. Das gleiche Gesetz trifft auf die Funktionsweise des Denkens zu. Wir erhalten nur das, was unserer geistigen Einstellung entspricht. Wenn wir entmutigt worden sind, können wir sicher sein, einen negativen Schlüssel angeschlagen zu haben; dabei wurden wir nicht nur durch unsere eigenen Gedanken heruntergezogen, sondern wir empfingen auch noch zusätzliche depressive Gedanken ähnlicher Provenienz, die permanent aus dem Bewusstsein anderer Unglücklicher gesendet werden, die das Gesetz der Anziehung in der Gedankenwelt noch nicht gelernt haben. Wie schnell hingegen fühlen wir das Einströmen von couragierten, wagemutigen, kraftvollen und positiven Gedanken aller lebenden Männer und Frauen dieser Welt, wann immer wir uns in eine Hochstimmung voller Enthusiasmus und Energie versetzen! Das erkennen wir besonders, wenn wir in persönlichen Kontakt mit Leuten kommen und ihre Schwingungen spüren, mögen sie nun depressiv oder belebend sein. Das gleiche Gesetz wirkt übrigens fort, auch wenn wir nicht in ihrer Nähe sind, nur weniger stark.

Das Bewusstsein oder Gemüt verfügt über viele Frequenzstufen, von der höchsten positiven bis zur niedrigsten negativen Frequenz sowie zahlreichen Zwischenstufen, die in der Stärke gemäß ihrer entsprechenden Distanz vom positiven oder negativen Pol variieren.

Wenn dein Gemüt im positiven Frequenzbereich arbeitet, fühlst du dich stark, elastisch, heiter, fröhlich, glücklich, selbstbewusst und mutig und bist in der Lage, deine Arbeit gut zu machen, deine Absichten auszuführen und auf deinem Weg zum Erfolg voranzuschreiten. Du sendest starke positive Gedanken aus, die andere berühren und sie veranlassen, mit dir zusammenzuarbeiten oder deiner Führung zu folgen, je nach ihrer eigenen mentalen Grundhaltung.

Spielst du jedoch am extremen negativen Ende deiner mentalen Tastatur, dann fühlst du dich deprimiert, schwach, passiv, lustlos, ängstlich, feige. Und du findest dich selbst unfähig, Fortschritte zu machen oder etwas mit Erfolg durchzuführen. Deine Wirkung auf andere ist praktisch Null. Du lässt dich führen, statt dass du andere führst und wirst von willensstärkeren Menschen als menschlicher Fußabstreifer oder Fußball benutzt.

Bei einigen Personen scheint das positive Element vorzuherrschen, während bei anderen negative Qualitäten zu überwiegen scheinen. Natürlich gibt es stark variierende Grade der Positivität und Negativität, und B kann zu A negativ sein, während es zu C positiv steht. Wenn zwei Menschen sich das erste Mal treffen, läuft in der Regel eine lautlose geistige Auseinandersetzung ab, wobei sie das Maß der Positivität ihres Gegenübers testen und ihre relative Position zueinander fixieren. Dieser Prozess mag in vielen Fällen unbewusst erfolgen, aber er findet nichtsdestoweniger statt. Die Anpassung erfolgt oft automatisch, doch gelegentlich ist die Auseinandersetzung derart intensiv - wenn nämlich die Opponenten so genau zueinander passen –, dass sich die Sache verselbständigt und in das Bewusstsein der beiden Personen eindringt.

Manchmal verfügen beide Parteien über einen derart ähnlichen Grad an energischer Bestimmtheit, dass sie auf mentaler Ebene nicht miteinander auskommen; entweder stoßen sie sich gegenseitig ab und gehen auseinander, oder sie bleiben nur unter ständigen Spannungen und Reibereien zusammen.

Wir sind positiv oder negativ zu jedem, mit dem wir in Beziehung stehen. Wir mögen zu unseren Kindern, Familienangehörigen und Angestellten positiv gestimmt sein, gleichzeitig zu anderen aber negativ, etwa zu denen wir in Abhängigkeit stehen oder denen wir es erlaubt haben, sich uns gegenüber durchzusetzen.

Natürlich kann etwas passieren und wir werden plötzlich positiver als die Person, zu der wir bisher in einem negativen Verhältnis standen. Solche Fälle gibt es oft. Und da die allgemeine Kenntnis über diese geistigen Gesetze zunimmt, sehen wir immer häufiger Fälle von Personen, die sich selbst zu behaupten wissen und ihre neu gefundene Macht auch gebrauchen.

Doch vergiss nicht, du besitzt die Macht, durch reine Willenskraft die Grundstimmung deines Bewusstseins auf eine positive Frequenz zu heben. Und natürlich ist es genauso möglich, dass du dich aufgrund einer Nachlässigkeit oder eines schwachen Willens in eine niedrige, negative Stimmung fallen lassen kannst.

Es gibt mehr Menschen auf der negativen Gedankenebene als auf der positiven, und infolgedessen sind in unserer geistigen Atmosphäre auch mehr negative Gedankenvibrationen im Umlauf. Zu unserem Glück wird das jedoch durch die Tatsache ausgeglichen, dass ein positiver Gedanke unendlich viel stärker ist als ein negativer, und wenn wir durch Willenskraft uns selbst in eine höhere mentale Schwingung versetzen, können wir die depressiven Gedanken ausschließen und die Schwingungen aufnehmen, die mit unserer geänderten geistigen Haltung übereinstimmen. Dies ist eins der Geheimnisse der Affirmationen [Bejahungen] und Autosuggestionen, die von verschiedenen Schulen der Geisteswissenschaft und anderen Neugeist-Bewegungen verwendet werden. Die Affirmationen an sich sind ohne Wert, jedoch dienen sie einem zweifachen Zweck: 1. Sie veranlassen, dass neue innere Einstellungen und Lebensgefühle in uns entstehen und wirken auf wundervolle Weise in Richtung Charakterbildung – verursachen sozusagen eine »Grunderneuerung« in uns selbst. 2. Sie bewirken eine Anhebung unserer mentalen Grundstimmung, so dass wir von den positiven Gedankenwellen anderer auf der gleichen Gedankenebene profitieren.

Ob wir nun an sie glauben oder nicht, wir praktizieren Affirmationen am laufenden Band. Der Mensch, der geltend macht, dass er etwas tun kann und tun will und dies mit allem Nachdruck bekräftigt, entwickelt in sich selbst Eigenschaften, die für das Gelingen dieser Sache förderlich sind. Gleichzeitig bringt er sein Bewusstsein in die richtige Schlüsselstellung, damit er für alle

Gedankenwellen offen ist, die ihm möglicherweise dabei helfen können. Wenn andererseits jemand sagt und fühlt, er werde scheitern, wird er die aus seiner unterbewussten Mentalität kommenden Gedanken, die ihm ja helfen sollen, erdrosseln und ersticken; gleichzeitig wird er sich mit dem Misserfolgs-Denken der Welt in Einklang bringen - und von letzterer Sorte Gedankengut gibt es genügend um uns herum, das kann ich dir sagen.

Lass dich nicht von den widrigen und negativen Gedanken derjenigen beeinflussen, die dich umgeben. Steige hinauf in die oberen Stockwerke deiner geistigen Behausung und stelle dich auf eine starke Frequenz ein, die weit weg und hoch über den Vibrationen der unteren Gedankenebenen liegt. Dann wirst du nicht nur immun sein gegenüber diesen negativen Schwingungen, sondern auch in Verbindung mit der großartigen Masse starker, positiver Gedanken, die von Menschen deiner eigenen Entwicklungsstufe kommen.

Mein Ziel wird es sein, dich im korrekten Gebrauch deiner Gedanken und deines Willens zu leiten und auszubilden, damit du dich selbst gut in den Griff bekommst und du in der Lage sein wirst, zu jedem gewünschten Zeitpunkt eine positive Tonart anzuschlagen. Es ist nicht notwendig, bei jeder Gelegenheit die extreme Tonart anzuschlagen. Halte dich lieber in einer bequemen Stimmung, ohne viel Stress; so hast du die Möglichkeit, sofort die Frequenz zu erhöhen, wenn es die Situation erfordert. Mit diesem Wissen bist du nicht mehr der alten automatischen Gemütsreaktion ausgeliefert, sondern solltest alles ganz gut unter Kontrolle halten.

Die Entwicklung des Willens kommt der Entwicklung eines Muskels sehr ähnlich - sie ist eine Sache der Übung und der allmählichen Verbesserung. Zuerst erscheint sie etwas mühsam, doch nach jeder Belastung wird man stärker, bis die neue Kraft echt und dauerhaft verfügbar ist. Viele von uns haben sich unter plötzlichen Stresssituationen oder Notfällen positiv konditioniert. Wir reißen uns gewöhnlich dann zusammen, wenn die Situation es erfordert. Doch durch intelligentes Üben wirst du so gestärkt werden, dass deine gelegentliche Angewohnheit zu einem dauerhaften »Zusammenreißen« - sprich Zustand umsichtiger Entschlossenheit - führt; und wenn du dann den Ansporn brauchst, wirst du eine Stufe erreichen, von der du zur Zeit nicht einmal träumst.

Versteh mich nicht so, als wäre ich ein Befürworter von ständiger Hochspannung. Das ist überhaupt nicht wünschenswert - nicht nur weil es dir zu viel Stress verursachen würde, sondern weil du gelegentlich auch Spannung abbauen musst, um Eindrücke absorbieren zu können. Man tut gut, zu entspannen und sich einen bestimmten Grad der Empfänglichkeit anzueignen, wohl wissend, dass man ja stets in der Lage ist, willentlich in einen positiv-aktiven Zustand zurückzuspringen. Der gewohnheitsmäßig unter positiver Spannung stehende Mensch büßt viel an Lebenslust und Erholung ein. Bist du positiv, drückst du dich aus; bist du rezeptiv, nimmst du Eindrücke in dich auf. Wenn positiv, bist zu ein Lehrer; wenn rezeptiv, ein Schüler. Es ist nicht nur gut, einen guten Lehrer abzugeben, sondern es ist auch sehr wichtig, manchmal ein guter Zuhörer zu sein.

3

Ein Gespräch über das Bewusstsein

DER MENSCH hat nur ein Bewusstsein, aber er hat viele geistige Fakultäten; jede Fakultät ist in der Lage, eine mentale Leistung auf zweifache Art zu erbringen. Zwischen den beiden unterschiedlich ausgeprägten Funktionsweisen gibt es keine eindeutigen Trennlinien; sie fließen eher ineinander über wie die Farben des Spektrums.

Der *aktive Leistungsaufwand* einer Bewusstseinsfakultät ist das Ergebnis eines direkten Impulses, der während des Leistungsaufwands übermittelt wird.

Der *passive Leistungsaufwand* einer Bewusstseinsfakultät ist entweder das Ergebnis einer vorausgegangenen aktiven Leistung desselben Bewusstseins; der aktiven Leistung eines anderen Bewusstseins im Sinne von gedanklicher Suggestion; das Resultat von Gedankenvibrationen aus dem Bewusstsein eines anderen Menschen oder aber eines Vorfahren, die durch die Gesetze der Vererbung übermittelt wurden (einschließlich Impulsen, die von Generation zu Generation ab dem Zeitpunkt des ersten Vibrationsimpulses durch den ursächlichen Anlass [Urzweck] übermittelt wurden; diese Impulse kommen erst dann zur Entfaltung, wenn die richtige Stufe evolutionärer Entwicklung erreicht worden ist).

Der aktive mentale Leistungsaufwand ist eine Neugeburt, frisch aus der Prägeanstalt sozusagen, während eine passive Mentalaktivität eher älterer Natur und tatsächlich oft das Resultat eines Vibrationsimpulses ist, der vor vielen Jahren ausgeschickt wurde. Die aktive mentale Leistung bahnt sich ihren Weg, schiebt eindringende Störenfriede beiseite und kickt hinderliche Steine aus ihrem Weg. Die passive Geistesleistung hingegen reist entlang ausgetretener Pfade.

Ein Gedanken- oder Bewegungsimpuls, ursprünglich verursacht durch die aktive Leistung einer Bewusstseinsfakultät, kann mittels ständiger Wiederholung oder Gewohnheit zu einem rein mechanischen Impuls werden, wobei ihn die durch wiederholte aktive Beanspruchung gegebenen Anstöße eine starke Eigendynamik entwickeln lassen, die ihn solange weiter trägt, entlang passiver Bahnen, bis er entweder von einer anderen aktiven Gedankenleistung gestoppt oder von seinem eigenen Ursprung genötigt wird, die Richtung zu ändern.

Andererseits können Gedanken- oder Bewegungsimpulse, die entlang rein passiver Frequenzen verlaufen, durch eine aktive Einwirkung beendet oder korrigiert werden. Die Aktivfunktion erschafft, verändert oder vernichtet. Die Passivfunktion führt die Arbeit fort, die ihr von der Aktivfunktion gegeben wurde, sie gehorcht ihren Anweisungen und Vorschlägen.

Die Aktivfunktion produziert eine Gedanken- oder Ablaufgewohnheit und verleiht ihr die Schwingungen, welche diese Gewohnheit anschließend entlang passiver Frequenzlinien transportieren. Auch verfügt die Aktivfunktion über die Fähigkeit, Vibrationen auszusenden, welche die Eigendynamik der alten Gedanken- oder Ablaufgewohnheit neutralisieren; sie kann darüber hinaus eine neue Gedanken- oder Ablaufgewohnheit losschicken, die aufgrund ihrer stärkeren Schwingungen die alte Gewohnheit überwindet, absorbiert und sie durch die neue ersetzt.

Alle auf die Reise geschickten Gedanken- oder Ablaufimpulse vibrieren solange entlang passiver Frequenzlinien, bis sie durch nachfolgende Impulse korrigiert oder beendet werden, die von der Aktivfunktion oder einer anderen Kontrollmacht ausgehen. Die Beständigkeit des ursprünglichen Impulses gibt diesem eine Eigendynamik und Kraft, die seine Korrektur oder Auflösung erschwert. Das erklärt die so genannte »Macht der Gewohnheit«. Ich denke, dies ist besonders für all jene gut nachvollziehbar, die eine alte, ehemals sehr leicht erworbene Gewohnheit versuchten loszuwerden. Das Gesetz ist auf gute wie auf schlechte Gewohnheiten anwendbar. Die Moral ist offensichtlich.

Verschiedene Bewusstseinsfakultäten tun sich oft zusammen, um eine einzige Manifestation zu produzieren. Eine zu leistende Aufgabe kann die vereinte Anwendung verschiedener Fakultäten erforderlich machen, wovon einige Fakultäten sich durch aktiven Leistungsaufwand und andere durch passive Mentalaktivität manifestieren können.

Um neuen Anforderungen entgegentreten zu können, ist ein aktiver geistiger Leistungsaufwand notwendig, während ein bekanntes Problem oder eine vertraute Aufgabe leicht mittels passiver Gedankenaktivität bewältigt werden kann, also ohne dass die Unterstützung ihres kühneren Bruders in Anspruch genommen werden muss.

In der Natur besteht bei lebenden Organismen eine instinktive Tendenz, bestimmte Aktionen auszuführen, die Tendenz eines organisierten Ordnungsgefüges, sich das zu suchen, was die Bedürfnisse seines Gesamtorganismus befriedigt. Diese Neigung wird manchmal auch Begierde genannt. Es handelt sich tatsächlich um einen passiven mentalen Impuls, der mit dem vom ursächlichen Anlass [Urzweck] ausgesandten Antriebsdrang zusammenhängt, analog der evolutionären Entwicklung übertragen wird und bei jedem Weiterschreiten an Stärke und Kraft zunimmt. Der

Impuls des Urzwecks wird durch den mächtigen Aufwärtssog unterstützt, der von DEM ABSOLUTEN ausgeht.

Im Pflanzenleben ist diese Tendenz leicht erkennbar, sie reicht von den unauffälligen Ausprägungen der niedrigeren bis zu den höher entwickelten Arten. Es ist das, was generell als die »Lebenskraft« in den Pflanzen beschrieben wird. Es ist jedoch eine Manifestation rudimentärer Mentalaktivität, die im Sinne des passiven Aufwands funktioniert. In einigen der höheren Formen des Pflanzenlebens erscheint eine schwache Ausfärbung unabhängiger »Lebensaktion« - eine schwache Andeutung freier Willensäußerung. Botaniker berichten über viele bemerkenswerte Fälle dieses Phänomens. Es handelt sich zweifellos um eine - wenn auch sehr schwache - Ausprägung rudimentärer Mentalaktivität.

Im niederen Tierreich ist ein relativ hoher Grad an passiver Mentalaktivität vorzufinden. Und in unterschiedlichen Abstufungen je nach Gattung und Spezies kann eine sehr intensive Mentalaktivität festgestellt werden. Das niedere Tier verfügt zweifellos über eine deutlich geringere Räson als der Mensch, andererseits ist die Zurschaustellung willensgesteuerter Mentalaktivität durch ein intelligentes Tier oft nahezu ähnlich hoch wie die eines geistig schwachen Menschen oder eines kleinen Kindes. So wie ein Kind vor der Geburt, als Embryo, die Stufen physischer Evolution des Menschen aufzeigt, so manifestiert ein Kind vor und nach der Geburt bis zur Volljährigkeit die Stufen der geistigen Evolution des Menschen.

Der Mensch, die höchste bisher produzierte Lebensform, zumindest auf diesem Planeten, zeigt die stärkste Ausprägung passiver Mentalaktivität sowie eine viel stärkere Ausprägung willensgesteuerter Mentalaktivität als in Tieren beobachtet werden kann; und doch variiert die Stärke dieser willensgesteuerten Aktivität erheblich - nicht nur zwischen den einzelnen Völkern, sondern auch zwischen den Menschen unseres Landes, ja jedem einzelnen von ihnen. Diese Unterschiede sind jedoch keinesfalls auf das Maß an »Kultur«, die soziale Position oder das Bildungsniveau zurückzuführen, die ein Individuum besitzen mag: geistige Kultur und mentale Entwicklung sind zwei sehr unterschiedliche Dinge.

Du musst nur um dich schauen, um die verschiedenen Entwicklungsstufen willensgesteuerter Mentalaktivität im Menschen zu erkennen. Die Räson vieler Menschen ist kaum mehr als passive Mentalaktivität, sie zeigt nur wenige der Qualitäten eines willensstarken Denkens. Sie ziehen es vor, dass andere Menschen für sie denken. Willensgesteuerte Mentalaktivität ermüdet sie und sie finden den instinktiven, automatischen, passiven Denkprozess viel einfacher. Ihre Gemüter bevorzugen den Weg des geringsten Widerstands. Sie sind wenig mehr als menschliche Schafe.

Unter den niederen Tieren und instinktgetriebenen Menschen ist die willensgesteuerte Mentalaktivität weitestgehend auf die gröberen Befähigungen, d.h. die vorwiegend materielle Ebene, beschränkt; die höheren geistigen Befähigungen arbeiten auf instinktive, automatische Weise gemäß der passiven Funktion.

Als die niederen Lebensformen im evolutionären Rahmen fortschritten, entwickelten sie neue Befähigungen, die bereits latent in ihnen schlummerten. Diese Befähigungen manifestierten sich stets in Form einer rudimentären passiven Wirkungsweise und arbeiteten sich ihren Weg durch höhere passive Daseinsformen nach oben, bis schließlich die aktiven Funktionen ins Spiel gebracht wurden. Der evolutionäre Prozess geht noch weiter, wobei die unveränderte Tendenz in Richtung einer hoch entwickelten Mentalaktivität geht. Dieser evolutionäre Prozess wird durch den vom

Urzweck ausgehenden Vibrationsimpuls verursacht und unterstützt durch die erhebende Anziehungskraft DES ABSOLUTEN.

Das Gesetz der Evolution ist noch immer im Gang und der Mensch dabei, neue Geisteskräfte zu entwickeln, die sich zuerst natürlich im Rahmen der passiven Mentalaktivität manifestieren. Einige Personen haben diese neuen Fähigkeiten zu einem hohen Maß entwickelt und es ist möglich, dass über kurz oder lang der Mensch in der Lage sein wird, sie mit Hilfe ihrer aktiven Funktionen zu steuern und auszuüben. In der Tat wurde diese Kraft schon von einigen wenigen erlangt. Dies ist das Geheimnis der östlichen Esoteriker und einiger ihrer westlichen Brüder und Schwestern.

Die Gefügigkeit des Denkens unter den Willen kann durch richtig geleitete Praxis erhöht werden. Das, was wir gewöhnlich als »die Stärkung des Willens« bezeichnen, ist in Wahrheit ein Denktraining zwecks Erkennung und Absorption der uns innewohnenden Macht. Der Wille ist stark genug, er benötigt keine Stärkung, doch das Bewusstsein muss geschult werden, um die Suggestionen des Willens zu empfangen und darauf zu reagieren. Der Wille ist die äußere Manifestation des ICH BIN. Der Willensstrom fließt in voller Stärke der spirituellen Oberleitung entlang; doch du musst lernen, die Stromabnehmerstange [vgl. Straßenbahn, E-Lok, d. Ü.] anzuheben und die Oberleitung zu berühren, bevor sich der mentale Triebwagen bewegen kann. Diese Idee unterscheidet sich in gewisser Weise von dem, was du bisher von anderen Autoren über die Willenskraft gewohnt warst zu hören, aber sie ist korrekt, wie du zu deiner eigenen Genugtuung beweisen wirst, wenn du das Thema mittels geeigneter Experimente weiterverfolgst.

Die Anziehungskraft DES ABSOLUTEN zieht den Menschen aufwärts, und die Vibrationskraft des Urzwecks hat sich selbst noch nicht erschöpft. Die Zeit evolutionärer Entwicklung ist dann, wenn ein Mensch sich selbst helfen kann. Der Mensch, der das Gesetz versteht, kann durch die Entwicklung der Bewusstseinskräfte Wunder vollbringen, während der Mensch, der die Wahrheit ablehnt, aufgrund seiner Unkenntnis des Gesetzes leiden wird.

Derjenige, welcher die Gesetze unseres geistigen Daseins versteht, entwickelt seine latenten Kräfte und nutzt sie auf intelligente Weise. Er verachtet nicht seine passiven mentalen Funktionen, sondern macht guten Gebrauch von ihnen, lässt sie die Aufgaben erledigen, für die sie am besten geeignet sind. So kann er - nachdem er sie gemeistert und geschult hat, das Gebot des Höheren Selbst zu tun - wunderbare Resultate aus ihrer Arbeit ziehen. Sollten sie fehlerhaft arbeiten, reguliert er sie, und sein Wissen schützt ihn davor, unsachgemäß mit ihnen zu verfahren und sich selbst Schaden zuzufügen. Er entwickelt seine latenten geistigen Fähigkeiten und Kräfte und lernt, wie er sie im Sinne der aktiven und passiven Mentalaktivität gebraucht. Er weiß, dass der wahre Mensch in ihm der Meister ist, dem beide Funktionen, die aktive wie die passive, nur als Werkzeuge dienen. Er hat die Furcht verbannt und genießt die Freiheit. Er hat sich selbst gefunden. Er hat das Geheimnis des ICH BIN gelernt.

4
Bewusstseinsbildung

DER MENSCH kann sein Bewusstsein so aufbauen, dass es tut, was er will. Tatsächlich betreiben wir Bewusstseinsbildung zu jeder Stunde unseres Lebens, entweder bewusst oder unbewusst. Die Mehrheit von uns verrichtet die Arbeit unbewusst, doch jene, welche ein wenig unter die Oberfläche der Dinge geschaut haben, nahmen sich der Sache an und wurden bewusste Schöpfer ihrer eigenen Mentalität. Sie sind nicht länger den Suggestionen und Einflüssen anderer ausgesetzt, sondern ihre eigenen Meister geworden. Sie bekräftigen das »ICH« und verlangen Gehorsam von den untergeordneten geistigen Fakultäten. Das »ICH« ist der Herrscher über das Bewusstsein und das, was wir WILLE nennen, ist das Werkzeug des »ICH«. Natürlich steht etwas hinter all diesem, und der Universale Wille ist stärker als der Wille des Individuums, doch befindet sich letzterer in viel engerer Verbindung mit dem Universalen Willen als allgemein angenommen. Sobald jemand das niedere Selbst überwindet und das »ICH« erklärt, kommt er in enge Verbindung mit dem Universalen Willen und nimmt weitgehend an dessen wunderbarer Macht teil. In dem Moment, wo jemand seinen Anspruch auf das »ICH« geltend macht und »sich selbst findet«, begründet er eine enge Verbindung zwischen dem individuellen Willen und dem Universalen Willen. Doch bevor er sich der gewaltigen Macht bedienen kann, die seinem Befehl untersteht, muss er zunächst die Meisterung seines niederen Selbst bewerkstelligen.

Man denke nur an die Absurdität des menschlichen Anspruchs, Kräfte zu manifestieren, wenn der Mensch nicht mehr ist als der Sklave seiner niederen Instinkte, die ihm doch eigentlich unterwürfig sein sollten. Man denke an einen Menschen, der Sklave seiner Stimmungen, Leidenschaften, animalischen Gelüste und niederen Fakultäten ist, während er gleichzeitig versucht, die Vorteile des Willens zu beanspruchen. Ich predige jetzt keinesfalls Askese, die mir eher ein Eingeständnis von Schwäche zu sein scheint. Ich spreche von der Selbstmeisterung - der Festigung des »ICH« über die untergeordneten Bestandteile meiner selbst. Aus höherer Sicht der Thematik ist dieses »ICH« das einzig wahre Selbst, während alles andere das Nicht-Selbst ist. Eine ausführliche Diskussion über diesen Punkt würde unseren vorgegebenen Rahmen sprengen, daher werden wir das Wort »Selbst« im Sinne von »den gesamten Menschen bestimmend« benutzen. Bevor ein Mensch das »ICH« in seiner vollen Stärke bejahen kann, muss er eine vollständige Meisterung aller untergeordneten Bestandteile des Selbst erlangen. Alle Dinge sind gut, wenn wir lernen, sie zu meistern, doch kein Ding ist gut, wenn es uns beherrscht. Solange wir den niederen Bestandteilen des Selbst erlauben, uns Befehle zu geben, sind wir Sklaven. Erst wenn das »ICH« seinen Thron besteigt und das Zepter erhebt, ist die Ordnung hergestellt und die Dinge nehmen ihre passende Beziehung zueinander an.

Wir haben nichts an jenen auszusetzen, die durch ihre niederen Instinkte hin und her gerissen werden - sie sind in einem niedrigeren Stadium der Evolution und werden sich zu gegebener Zeit hocharbeiten. Aber wir lenken die Aufmerksamkeit derer, die bereit sind, auf die Tatsache, dass der Souverän seinen Willen beanspruchen muss und die Untertanen zu gehorchen haben. Befehle müssen gegeben und ausgeführt werden. Jede Rebellion ist niederzuschlagen und die rechtmäßige Autorität anzuerkennen. Und die Zeit, es zu tun, ist JETZT.

Du hast deinen rebellischen Untertanen erlaubt, den König von seinem Thron fernzuhalten. Du hast deinem geistigen Königreich erlaubt, von verantwortungslosen Fakultäten schlecht regiert zu werden. Du warst der Sklave von Gelüsten, unwürdigen

Gedanken, Leidenschaften und Negativität. Der Wille wurde beiseite geschoben und niederes Verlangen bemächtigte sich des Throns. Es ist an der Zeit, die Ordnung im geistigen Königreich wiederherzustellen. Du bist fähig, die Meisterung aller Emotionen, Gelüste, Leidenschaften oder Denkkategorien durch die Beanspruchung des Willens zu erlangen. Du kannst der Furcht befehlen, hinter dich zu treten; der Eifersucht, deine Gegenwart zu verlassen; dem Hass, sich aus deinem Blickfeld zu entfernen; der Wut, sich zu verstecken; den Sorgen, dass sie aufhören dich zu belästigen; den unkontrollierten Gelüsten und Leidenschaften, sich unterwürfig zu verneigen und zu demütigen Sklaven statt Meistern zu werden - alles durch die Beanspruchung des »ICH«. Gleicherweise darfst du dich mit der prächtigen Gesellschaft des Muts, der Liebe und Selbstkontrolle umgeben. Du darfst, wenn du willst, die Rebellion niederwerfen und Friede und Ordnung in deinem geistigen Königreich errichten, aber lege das Mandat fest und bestehe auf seiner Ausführung. Bevor du zum Imperium weiterschreitest, musst du die geeigneten internen Voraussetzungen schaffen - du musst deine Fähigkeit beweisen, dass du dein eigenes Königreich auch regieren kannst. Die erste Schlacht ist die Überwindung des niederen Selbst durch das Höhere Selbst.

AFFIRMATION

ICH BEANSPRUCHE die Meisterung
meines Wahren Selbst

Wiederhole diese Worte aufrichtig und positiv während des ganzen Tages mindestens einmal pro Stunde - besonders wenn du mit Situationen konfrontierst wirst, die dich dazu verleiten, im Sinne des niederen Selbst zu handeln statt dem vom Wahren Selbst diktierten Kurs zu folgen. Im Moment des Zweifelns und Zögerns sag diese Worte mit Inbrunst, und dein Weg wird dir klar aufgezeigt werden. Wiederhole sie verschiedene Male vor dem Einschlafen. Stelle jedoch sicher, dass die Worte mit dem sie inspirierenden Gedanken unterstützt werden und plappere sie nicht einfach wie ein Papagei herunter. Forme das geistige Bild des Wahren Selbst, wie es seine Herrschaft über die niedrigeren Ebenen deines Bewusstseins errichtet - sieh den König auf seinem Thron. Du wirst dir eines Zuströmens neuer Gedanken bewusst werden, und Dinge, die dir vor kurzem noch schwierig vorkamen, werden plötzlich viel einfacher werden. Du wirst fühlen, wie gut du dich im Griff hast und dass DU der Meister bist, nicht der Sklave. Der Gedanke, den du festhältst, wird sich durch Ereignisse von selbst manifestieren und du wirst ständig wachsen, um zu dem aufzusteigen, was du im Sinn hast.

ÜBUNG

Fixiere dein Bewusstsein fest auf das Höhere Selbst und ziehe aus ihm deine Inspiration, besonders wenn du dich versucht fühlst, den Stimmen deiner niedrigeren Charaktereigenschaften nachzugeben. Stehst du kurz davor, in Wut auszubrechen, dann bekräftige das »ICH«, und deine Stimme wird fallen. Wut ist eines entwickelten Selbst unwürdig. Wenn du dich irritiert und verärgert fühlst, dann erinnere dich, was du bist und erhebe dich über dein Gefühl. Wenn du Furcht fühlst, dann erinnere dich daran, dass das Wahre Selbst nichts fürchtet, und lach einfach. Mach so weiter und beanspruche das Wahre Selbst; erlaube den Dingen auf der niederen geistigen Ebene nicht, dich zu beunruhigen. Sie sind deiner nicht würdig und müssen in ihre Schranken verwiesen werden. Erlaube es diesen Dingen nicht, dich zu beherrschen - sie sollen deine Untertanen sein, nicht deine Meister. Du musst von dieser Ebene wegkommen, und der einzige Weg, dies zu schaffen, liegt in der Loslösung von diesen Denkweisen, die bisher um ihrer selbst willen »die Dinge vorangetrieben« haben. Am Anfang magst du Probleme haben, doch lass nicht locker und du wirst die Genugtuung erfahren, die sich nur dann einstellt, wenn die niederen Bestandteile deiner Wesenheit überwunden werden konnten. Du warst lang genug ein Sklave – jetzt ist es an der Zeit, dich selbst zu befreien. Wenn du getreu diesen Übungen folgst, wirst du zum Jahresende ein anderes Wesen sein und mit einem mitleidigen Lächeln auf deinen früheren Zustand zurückblicken. Doch es erfordert Arbeit. Dies ist kein Kinderspiel, sondern eine Aufgabe für aufrichtige Männer und Frauen. Wirst DU die Anstrengung auf dich nehmen?

5
Das Geheimnis des Willens

WÄHREND PSYCHOLOGEN unterschiedliche Theorien über die Natur des Willens vertreten mögen, verleugnet niemand seine Existenz oder hinterfragt seine Macht. Alle Personen wissen um die Macht eines starken Willens - und alle versuchen herauszufinden, wie man mit ihm die größten Hindernisse überwinden kann. Doch nur wenige erkennen, dass der Wille durch intelligente Praxis entwickelt und gestärkt werden kann. Zwar meinen sie, mit einem starken Willen sogar Wunder vollbringen zu können, aber statt den Versuch zu machen, ihn zu entwickeln, geben sie sich mit nutzlosem Bedauern zufrieden. Sie seufzen, tun aber nichts.

Diejenigen, die das Thema genau untersucht haben, wissen, dass die Willenskraft mit all ihren latenten Möglichkeiten und mächtigen Energien entwickelt, diszipliniert, kontrolliert und geführt werden kann, so wie jede andere Naturkraft. Egal welcher Theorie über die Natur des Willens du zuneigen magst, du wirst durch intelligente Übungen immer Resultate erzielen.

Persönlich vertrete ich eine vielleicht etwas merkwürdige Theorie über den Willen. Ich glaube, dass jeder Mensch das Potenzial zu einem starken Willen hat und dass er nur sein Bewusstsein schulen muss, damit es Gebrauch davon macht. Ich denke, dass in den höheren Regionen des Bewusstseins eines jeden Menschen ein riesiger Speicher an Willenskraft ist, der nur darauf wartet, genutzt zu werden. Der Willensstrom fließt entlang der psychischen Drähte und das Einzige, was getan werden muss, ist die mentale Stromabnehmerstange aufzurichten und die Energie zu deinem Nutzen abzuzapfen. Der Vorrat ist übrigens unbeschränkt, denn deine kleine Speicherbatterie ist mit dem riesigen Kraftwerk der Universalen Willenskraft verbunden, und diese Energie ist unerschöpflich. Dein

Wille benötigt kein Training - wohl aber dein Bewusstsein. Das Bewusstsein ist das Instrument, und der Vorrat an Willenskraft steht im Verhältnis zur Feinheit dieses Instruments, durch das sie sich manifestiert. Doch du musst diese Theorie nicht akzeptieren, wenn du sie nicht magst. Diese Lektion wird auf deine wie auf meine Theorie passen.

Derjenige, der sein Bewusstsein soweit entwickelt hat, dass es der Willenskraft erlaubt, durch selbiges zu arbeiten, hat wundervolle Möglichkeiten für sich selbst eröffnet. Er hat nicht nur eine mächtige Kraft unter seine Befehlsgewalt gestellt, sondern er kann Fähigkeiten und Talente ins Spiel bringen und benutzen, von deren Existenz er nicht einmal geträumt hat. Dieses Geheimnis des Willens ist der magische Schlüssel, der alle Türen öffnet.

Der verstorbene Donald G. Mitchell schrieb einmal: »Die Entschlossenheit ist es, die einen Menschen offenbart; nicht kümmerliche Vorsätze, sondern rohe Willenskraft; nicht umherstreifende Absichten, sondern ein starker und unbeugsamer Wille, der Schwierigkeiten und Gefahren zertritt, so wie ein Junge das mit Frost überzogene Land des Winters zertritt, das sein Auge und Hirn mit einem stolzen Pulsschlag hin zum Unerreichbaren entfacht. Der Wille macht Menschen zu Giganten.«

Viele von uns meinen, wenn wir nur unseren Willen durchsetzten, könnten wir schon Wunder vollbringen. Doch irgendwie scheinen wir uns nie die Mühe machen zu wollen; wir kommen nicht zum eigentlichen Willenspunkt. Wir schieben ihn von einem Termin zum nächsten auf und sprechen vage von »irgendwann«, aber dieses irgendwann kommt niemals.

Wir fühlen instinktiv die Macht des Willens, aber wir haben nicht genug Energie, ihn auszuführen und driften so mit der

Strömung, bis vielleicht eine freundliche Schwierigkeit aufkommt, irgendein hilfreiches Hindernis unseren Weg versperrt oder ein sanfter Schmerz uns zum Handeln bewegt; in jedem dieser Fälle werden wir gezwungen, unseren Willen zu beanspruchen und fangen so an, etwas zu erreichen.

Unser Problem ist, dass wir etwas *nicht genug* tun wollen, denn dann müssten wir ja unsere Willenskraft bemühen. Wir *wollen* nicht stark genug. Wir sind geistig träge und besitzen ein schwaches Verlangen. Wenn du das Wort Verlangen nicht magst, kannst du es mit »Aspiration« ersetzen. (Einige Leute nennen die niederen Impulse »Begehren«, die höheren »Aspirationen« – all das ist eine Frage der Wortwahl, nimm, was dir gefällt.)

Hier liegt das Problem. Lass einen Mann in Lebensgefahr kommen oder eine Frau in die Lage, ihre große Liebe zu verlieren – und du wirst eine erstaunliche Darbietung von Willenskraft aus einer unvermuteten Quelle erleben. Lass das Kind einer Frau von Gefahr bedroht werden und sie wird ein Maß an Mut und Willen aufbringen, das alles Dagewesene in den Schatten stellt. Und doch wird die gleiche Frau vor einem dominanten Mann verzagen und den Willen selbst für eine kleine Aufgabe nicht aufzubringen vermögen. Ein junger Bursche vermag alle Arten von Arbeit zu verrichten, solange er sie als Spiel ansieht; andererseits kann er sich kaum dazu aufraffen, ein wenig Feuerholz zu schlagen. Starker Wille folgt starkem Verlangen. Wenn du wirklich etwas unbedingt machen willst, kannst du gewöhnlich auch die Willenskraft aufbringen, es zu tun.

Das Problem ist, dass du diese Dinge bisher nicht wirklich tun wolltest, und doch gibst du deinem Willen die Schuld. Du sagst zwar, es tatsächlich tun zu wollen; sobald du aber aufhörst zu denken, wirst du sehen, dass du in Wirklichkeit etwas anderes tun willst als das, was du dir vorgenommen hattest. Du bist nicht bereit, den Preis der Zielerreichung zu zahlen. Halte einen Moment inne, analysiere die Aussage und wende sie auf deinen eigenen Fall an.

Du bist geistig träge – das ist das Problem. Komm mir nicht mit der Entschuldigung, du hättest nicht genug Willen. Du hast einen riesigen Willensspeicher, der nur auf deine Befehle wartet, aber du bis zu faul, ihn zu gebrauchen. Also, wenn es dir mit dieser Sache wirklich ernst ist, dann leg los und finde zuerst heraus, was du wirklich tun willst – dann fang an zu arbeiten und tu es. Vergiss die Willenskraft – du wirst eine volle Ladung davon vorfinden, wann immer du sie benötigst. Wichtig ist, zu dem Punkt zu kommen, wo du beschließt zu handeln. Das ist der wahre Test – der Beschluss. Denke ein wenig über diese Dinge nach und entscheide dann für dich, ob du wirklich mit aller Macht ein Willensmensch sein willst, um mit der Arbeit anzufangen. Viele hervorragende Essays und Bücher wurden über dieses Thema geschrieben und alle preisen – oft in höchst enthusiastischen Tönen – die Macht der Willensstärke; doch nur wenige lassen sich darüber aus, wie denn diese Macht von jenen erworben werden kann, die sie nicht oder nur in geringem Maß besitzen. Einige bieten Übungen an, die der »Stärkung« des Willens dienen sollen, die aber tatsächlich das Bewusstsein stärken, damit es aus seinem Energiespeicher schöpfen kann. Die meisten haben allgemein übersehen, dass das Geheimnis zur Entwicklung des Bewusstseins in der Autosuggestion liegt und diese zu einem effizienten Instrument des Willens werden kann.

AUTOSUGGESTION

ICH GEBRAUCHE meine WILLENSKRAFT

Sag diese Worte täglich mehrere Male mit Nachdruck und positiver Kraft; fang sofort nach Durchsicht dieses Artikels damit an. Wiederhole sie dann häufig am Tag, mindestens einmal pro Stunde und besonders wenn dir etwas begegnet, welches die Ausübung von Willenskraft erfordert. Wiederhole sie zudem verschiedene Male vor dem Einschlafen.

Nun ist in den bloßen Worten noch nichts enthalten, es sei denn, du bekräftigst sie mit Gedanken. In der Tat sind Gedanken »alles« und die Worte nur Pflöcke, woran die Gedanken aufgehängt werden. Bedenke daher, *was* du sagst, und *meine* was du sagst. Du musst anfangs Glauben haben und die Worte mit einer zuversichtlichen Erwartung des Resultats gebrauchen. Halte an dem steten Gedanken fest, dass du deinen Speicher der Willenskraft beanspruchst und über kurz oder lang wirst du sehen, wie die Gedanken durch Handlungen Form annehmen und deine Willenskraft sich selbst manifestiert. Du wirst mit jeder Wiederholung der Worte einen Zufluss an Stärke verspüren. Du wirst erleben, dass du Schwierigkeiten und schlechte Gewohnheiten überwindest und überrascht darüber sein, wie glatt die Dinge sich für dich entwickeln.

ÜBUNG

Erledige während des Monats zumindest eine unangenehme Aufgabe pro Tag. Wenn es irgendeine besonders unwillkommene Aufgabe gibt, vor der du zurückschreckst, dann ist sie es, die du anpacken solltest. Dies wird dir nicht verordnet, um dich in die Selbstaufopferung, Demütigkeit oder sonst was zu drängen, sondern damit du deinen Willen trainierst. Jeder kann eine angenehme Sache mehr oder weniger fröhlich erledigen, doch es erfordert Willen, die unangenehme Aufgabe fröhlich zu erledigen. So aber musst du die Arbeit tun. Es wird sich als eine höchst wertvolle Selbstdisziplin für dich erweisen. Versuche es einen Monat lang und du wirst sehen, »auf was es hinausläuft«. Wenn du dich vor dieser Übung drückst, solltest du am besten gleich hier und jetzt anhalten und zugeben, dass du an Willenskraft nicht interessiert und zufrieden bist, da zu sein, wo du jetzt stehst – und ein Schwächling bleiben.

6

Immun werden gegen schädliche Gedankenanziehung

ALS ERSTES muss damit begonnen werden, Furcht und Sorgen auszutreiben. Furchtgedanken sind der Grund für viel Unzufriedenheit und Misserfolge. Wieder und wieder hast du es gesagt bekommen, doch wirst du auch diese Wiederholung aushalten. Furcht ist eine Gewohnheit des Geistes, die uns durch negatives Gemeinschaftsdenken angeheftet wurde, von der wir uns jedoch mittels individueller Anstrengung und Beharrlichkeit befreien können.

Eine starke Erwartungshaltung ist ein mächtiger Magnet. Die Person mit starkem, zuversichtlichem Verlangen zieht die Dinge an sich, die ihr am besten helfen - andere Personen, Dinge, Umstände, Umgebungen; wenn sie sich diese hoffnungsvoll, vertrauensvoll, zuversichtlich und ruhig wünscht. Ebenso wahr ist, dass die von Furcht erfüllte Person in der Regel genau das auf sich zieht, was sie befürchtet hat. Siehst du es nicht: der furchtsame Mensch erwartet tatsächlich das befürchtete Ding, und in den Augen des Gesetzes ist dies das Gleiche, als hätte er es sich wirklich gewünscht oder sich danach gesehnt! Das Gesetz ist in beiden Fällen tätig - das Prinzip das Gleiche.

Der beste Weg zur Überwindung der Furcht liegt in der Annahme einer mutigen Geisteshaltung, genauso wie man die Dunkelheit am besten überwindet, indem man das Licht hereinlässt. Es ist reine Zeitverschwendung, eine negative Denkgewohnheit durch die Erkenntnis ihrer Stärken und den Versuch zu bekämpfen, mittels außergewöhnlicher Anstrengungen ihre Existenz in Abrede zu stellen. Die beste, sicherste, leichteste und schnellste Methode besteht in der Annahme einer positiven Denkgewohnheit an ihrer Statt; durch kontinuierliches Verweilen auf diesem positiven Gedanken manifestiert man ihn schließlich in objektive Realität.

Statt zu wiederholen, »ich habe keine Angst«, sag daher mit Nachdruck: »Ich habe Courage«, »ich bin mutig«. Du musst bekräftigen: »Es gibt nichts zu befürchten«; obwohl eine Verneinung, leugnet diese Aussage einfach die Realität des Angst auslösenden Objektes, statt die Angst selbst zuzugeben und sie dann abzulehnen.

Um die Angst zu überwinden, sollte man sich eine mutige, couragierte Geisteshaltung zulegen und daran festhalten. Denke mutig, sprich mutig, handle mutig. Man sollte das geistige Bild des Muts ständig vor sich sehen, bis es zu einer normalen Geisteshaltung wird. Halte das Ideal fest vor dir hoch und du wirst es allmählich erreichen – das Ideal wird manifest werden.

Lass das Wort »Mut« tief in dein Bewusstsein sinken und halte es dort fest, bis es im Unterbewusstsein verankert ist. Stelle dich selbst als mutig vor – sieh dich selbst als mutig Handelnde(r) in schwierigen Situationen. Erkenne, dass es nichts zu fürchten gibt – dass Sorgen und Ängste niemals irgendjemandem geholfen haben und niemals helfen werden. Erkenne, dass die Furcht jedes Handeln lähmt, Mut jedoch die Aktivität fördert.

Der zuversichtliche, furchtlose, erwartende »Ich kann und ich will«-Mensch ist ein mächtiger Magnet. Er zieht genau das an sich heran, was er für seinen Erfolg benötigt. Alle guten Dinge scheinen ihm entgegenzukommen und die Leute sagen von ihm, er sei ein »Glückspilz«. Unsinn! »Glück« hat damit nichts zu tun. Es liegt alles in der Geisteshaltung. Und die Geisteshaltung des »ich kann nicht« oder des »ich habe Angst« bestimmt auch das Maß seines Erfolgs. Rein gar nichts Geheimnisvolles ist an dieser Sache.

Du musst nur um dich schauen und die Wahrheit dessen, was ich gesagt habe, erkennen. Hast du je einen erfolgreichen Menschen gekannt, der nicht das starke »Ich kann und ich will«-Denken in sich trug? Ist es nicht so, dass er die »Ich kann nicht«-Person um seinen kleinen Finger wickelt, auch wenn diese Person sehr viel fähiger ist als er? Die ersterwähnte Geisteshaltung brachte latente Führungseigenschaften an die Oberfläche und zog Hilfe von außen heran; während die zweite nicht nur die »Ich kann nicht«-Leute und -Dinge anzog, sondern auch die eigenen Kräfte der Person davon abhielt, sich zu manifestieren. Ich habe die Richtigkeit dieser Ansichten vorgeführt, wie viele andere auch, und die Anzahl Leute, die um diese Dinge wissen, wächst täglich an.

Verschwende nicht deine Denkkraft, sondern nutze sie zu deinem Vorteil. Hör auf, Misserfolg, Unzufriedenheit, Zwietracht und Schmerz anzuziehen - fange stattdessen jetzt an und sende einen Strom heller, positiver, glücklicher Gedanken aus. Lass dein ganzes Denken vom »ich kann und ich will« geprägt sein; denke »ich kann und ich will«, träume »ich kann und ich will«, sage »ich kann und ich will« und handle »ich kann und ich will«. Lebe auf ganzer Ebene dieses »ich kann und ich will«, und bevor du es überhaupt erst merkst, wirst du die neuen Vibrationen fühlen, wie sie sich selbst in Aktion bringen, sie dir Resultate bringen, du dir deines neuen Gesichtspunktes bewusst wirst, du erkennst, dass dein eigenes Gutes zu dir kommt. Du wirst dich besser fühlen, du wirst besser handeln, besser sehen, besser SEIN in jeder Hinsicht - nachdem du der »ich kann und ich will«-Truppe beigetreten bist.

Furcht ist die Quelle aller Sorgen, allen Hasses, Neids, Ärgers, Misserfolgs, aller Tücke, Unzufriedenheit und was sonst noch. Der Mensch, der sich aller Furcht entledigt, wird schnell feststellen, dass die ganze Brut verschwunden ist. Der einzige Weg zur Freiheit führt über die Befreiung von Furcht. Reiße sie an ihren

Wurzeln aus. Ich betrachte die Bewältigung von Furcht als den ersten wichtigen Schritt für all jene, die die Anwendung der Gedankenkraft meistern wollen. Solange wie Furcht dich beherrscht, bist du nicht imstande, in deinem Denken Fortschritte zu erzielen und ich muss darauf bestehen, dass du sofort anfängst, dich dieses Hindernisses zu entledigen. Du KANNST es tun - wenn es du nur ernsthaft angehst. Hast du dich dann von diesem üblen Ding befreit, wird dir das Leben komplett anders begegnen - du wirst glücklicher, freier, stärker, positiver sein und erfolgreicher in allem, was du im Leben beginnst. Fang heute damit an, entscheide dich, dass dieser Eindringling GEHEN muss - schließe keine Kompromisse mit ihm, sondern beharre auf seiner totalen Kapitulation. Die Aufgabe wird dir zunächst schwierig erscheinen, doch jedes Mal, wenn du ihm entgegentrittst, wird er schwächer werden und du stärker. Entziehe ihm seine Nahrung - hungere ihn aus - in einer Gedankenatmosphäre der Furchtlosigkeit kann er nicht leben. Beginne daher, dein Bewusstsein mit guten, starken, furchtlosen Gedanken zu erfüllen - beschäftige dich so oft wie möglich mit dem Denken an Furchtlosigkeit, und die Furcht wird aus eigenem Antrieb sterben. Furchtlosigkeit ist positiv - Furcht ist negativ, und du kannst sicher sein, dass das Positive sich durchsetzen wird.

Solange wie die Furcht mit ihren »aber«, »wenn«, »falls«, »ich fürchte«, »ich kann nicht«, »was, wenn« und allen anderen feigen Vorbehalten und Ausreden dich umgibt, wirst du deine Gedankenkraft nicht zum vollsten Vorteil einsetzen können. Ist die Furcht erst einmal aus dem Weg geschafft, hast du freie Fahrt zum Davonsegeln und jeder Millimeter deines Gedanken-Segels wird den Wind einfangen. Furcht ist ein Jona. Über Bord mit ihr! (Und der Wal, der sie verschlingt, hat mein Mitgefühl!).

Ich rate dir, mit der Erledigung einiger Dinge zu beginnen, die du immer schon meintest tun zu können - wenn da nicht die

Angst vor der eigenen Courage wäre. Fang einfach an, diese Dinge zu tun, bejahe fortwährend deinen Mut, und du wirst überrascht sein, wie die veränderte Geisteshaltung sämtliche Hindernisse aus deinem Weg räumt und die Dinge sehr viel leichter macht als du erwartet hast. Derartige Übungen werden dich auf wunderbare Weise weiterbringen und du wirst sehen, wie dankbar du bist, auf diese Weise praktiziert zu haben.

Es liegen noch viele Dinge vor dir, die es zu bewältigen gilt, die du meistern kannst – wenn du nur das Joch der Furcht abschüttelst, wenn du dich dem Massenbewusstsein verweigerst und kühn das »ICH« und seine Macht bekräftigst. Der beste Weg, die Furcht zu besiegen, ist Courage zu zeigen und damit aufzuhören, an Furcht zu denken. Mit diesem Konzept wirst du dem Bewusstsein neue Denkmuster antrainieren und so alte negative Gedanken, die dich heruntergezogen und zurückgehalten haben, auslöschen. Nimm das Wort »Courage« als dein Motto an und lass es durch Handlungen sich manifestieren.

Vergiss nicht: das Einzige, wovor es sich zu fürchten gilt, ist die Furcht – und glaub' mir, sie ist im besten Fall ein feiges Phantom, das wegrennen wird, wenn du ihm die Stirn bietest.

7
Die Umwandlung negativer Gedanken

DIE SORGE ist ein Kind der Furcht – wenn du die Furcht ausgelöscht hast, wird die Sorge wegen mangelnder Nahrung sterben. Dieser Rat ist sehr alt und doch immer wieder eine Wiederholung wert, denn wir brauchen diese Lernerfahrung unbedingt. Einige Leute meinen, wenn wir die Angst und Sorgen töten, würden wir niemals etwas erreichen. Ich habe Leitartikel in den einschlägigen Fachzeitschriften gelesen, worin die Autoren die Meinung vertraten, dass man ohne ein Gefühl der Besorgnis niemals auch nur eine der großen Aufgaben des Lebens bewältigen könne, denn Sorgen seien notwendig, um das Interesse und den Arbeitswillen zu stimulieren. Das ist Unsinn, egal wer es auch behauptet. Sorgen haben niemals irgendjemandem geholfen, im Gegenteil, sie stehen der Zielerreichung und Aufgabenbewältigung nur im Weg.

Das dem Handeln und »Tatendrang« zu Grunde liegende Motiv ist Verlangen und Interesse. Wenn jemand etwas ernsthaft wünscht, hat er logischerweise großes Interesse an dessen Gelingen und wird alles für sich einzunehmen versuchen, das ihm seinen Wunsch herbeibringen kann. Mehr als das; sein Geist fängt auf der unterbewussten Ebene an zu arbeiten, was anschließend viele wertvolle und wichtige Ideen ins Bewusste hinaufbefördert. Verlangen und Interesse begründen den Erfolg. Besorgnis ist nicht Verlangen. Es ist wahr, dass, wenn jemandes Umgebung und Umwelt unerträglich werden, er in schierer Verzweiflung zu Anstrengungen angespornt wird, die im Abwerfen der unerwünschten Umstände und der Herbeiführung günstigerer, mehr im Einklang mit seinen Wünschen stehenden Situationen führen. Doch ist dies nur eine andere Form des Verlangens – der Mensch wünscht sich etwas anderes als das, was er hat, und wenn sein

Verlangen stark genug wird, macht er alle Anstrengungen, um den Wechsel herbeizuführen. Doch es war nicht Sorge, die diese Anstrengung auslöste. Sie könnte sich selbst genügen, indem sie ihre Hände wringt und jammert, »mein ist das Leid!«, sich die Nerven zerfetzt und nichts erreicht. Verlangen geht anders vor. Es wächst umso stärker, je unerträglicher die Umstände eines Menschen werden und wenn er schließlich den Leidensdruck so stark verspürt, dass er ihn nicht mehr aushalten kann, sagt er: »Ich kann diese Situation nicht mehr aushalten - es muss etwas passieren«, und siehe da, nun schreitet das Verlangen zur Tat. Der Mensch fährt fort, das Schlimmste (was in Wirklichkeit das Beste ist) ändern zu »wollen« und sobald sein Interesse und seine Aufmerksamkeit ganz auf eine Erlösung aus seiner misslichen Lage gerichtet ist, beginnt er die Dinge zu bewegen. Sorgen haben niemals etwas bewirkt. Sorgen sind negativ und todbringend. Verlangen und Ambition sind positiv und schaffen Leben. Ein Mensch mag sich zu Tode beunruhigen und wird doch nichts erreichen; lässt du ihn aber seine Befürchtungen und Unzufriedenheiten in Verlangen und Interesse umwandeln, gekoppelt mit dem Glauben, dass er die Veränderung schafft - die »ich kann und ich will«-Idee - dann wird auch etwas geschehen.

Ja, Furcht und Sorgen müssen erst gehen, bevor wir viel tun können. Man muss diese negativen Eindringlinge schnellstens hinauswerfen und sie durch Zuversicht und Hoffnung ersetzen. Ersetze deine Sorgen mit heftigem Verlangen. Dann wirst du merken wie dein Interesse erwacht und du wirst anfangen, über Dinge nachzudenken, die dich interessieren. Gedanken werden aus dem großen Reservespeicher deines Bewusstseins zu dir kommen und du wirst beginnen, sie durch dein Handeln in Realität umzusetzen. Darüber hinaus wirst du dich mit ähnlichen Gedanken anderer Menschen in Übereinstimmung bringen und Hilfe und Unterstützung aus dem riesigen Vorkommen an Gedankenwellen zu dir ziehen, mit denen die Welt gefüllt ist. Der Mensch zieht Gedankenwellen zu sich heran, deren Charakter mit dem Wesen der vorherrschenden Gedanken seines Willensbewusstseins - seiner Geisteshaltung - übereinstimmen. Dann wiederum beginnt er, das große Rad der Anziehung in Bewegung zu setzen, womit er andere an sich zieht, die ihm helfen können und er umgekehrt zu anderen hingezogen wird; auch diese werden ihm wiederum helfen können. Dieses Gesetz der Anziehung ist kein Scherz, keine metaphysische Absurdität, sondern ein großartiges, lebendiges Arbeitsprinzip der Natur, wie jedermann durch Experimentieren und Beobachten erlernen kann.

Um in irgendeiner Sache erfolgreich zu sein, musst du sie sehr stark wollen - das Verlangen muss vorhanden sein, damit die Anziehung wirkt. Die Person mit schwachem Verlangen zieht nur sehr wenig an sich heran. Je stärker das Verlangen, umso größer die in Bewegung gesetzten Kräfte. Erst musst du etwas stark genug wollen, bevor du es bekommst. Du musst es mehr wollen als die Dinge um dich herum und du musst bereit sein, den Preis dafür zu bezahlen. Der Preis ist das Überbordwerfen bestimmter geringerer Wünsche, die im Weg zur Erlangung des größeren stehen. Bequemlichkeit, Muße, Vergnügungen und vieles andere müssten vielleicht gehen (obwohl nicht immer). Alles hängt davon ab, was du willst. Als Regel gilt, je größer dein Wunsch, umso größer der Preis, der dafür zu zahlen ist. Die Natur beharrt auf angemessener Entschädigung. Doch wenn du etwas wirklich willst, wirst du den Preis fraglos zahlen, denn ein brennendes Verlangen lässt die Bedeutung aller anderen Dinge zusammenschrumpfen.

Du sagst, etwas unbedingt haben zu wollen und du würdest alles tun, um es zu bekommen? Pah! Du *spielst* nur Verlangen. Wünschst du dir dieses Etwas so dringend wie ein Gefangener sich die Freiheit wünscht - so verzweifelt wie ein Sterbender sich das

Leben wünscht? Sieh dir die fast übernatürlichen Anstrengungen an, die Gefangene imstande waren zu leisten, die sich nach der Freiheit sehnten. Wie sie sich durch Beton und Steinwälle arbeiteten – nur mit einem Steinwerkzeug. Ist dein Wunsch so stark wie der ihre? Arbeitest du für das gewünschte Etwas, als hinge dein Leben davon ab? Unsinn! Die weißt nicht, was Verlangen ist. Ich sage dir, erst wenn jemand etwas so stark will wie ein Gefangener die Freiheit oder wie ein Ertrinkender das Leben, erst dann kann dieser Mensch scheinbar unbewegliche Hindernisse beiseite fegen. Der Schlüssel zum Erreichen besteht aus Verlangen, Zuversicht und Willen. Dieser Schlüssel wird viele Türen öffnen.

Angst lähmt das Verlangen – sie entzieht ihm alles Leben. Du musst dich von der Angst befreien. Es gab Zeiten in meinem Leben, da ergriff die Angst Besitz von mir und ich verlor alle Hoffnung, alles Interesse, alle Ambitionen, alles Verlangen. Doch Gott sei Dank schaffte ich es immer, mich dem Würgegriff des Monsters zu entziehen und meinen Schwierigkeiten entschlossen entgegenzutreten; irgendwie, so schien es, wurden meine Angelegenheiten dann immer wieder in Ordnung gebracht. Entweder schmolz das Problem einfach hinweg oder mir wurden Mittel gegeben, es zu überwinden oder es auf andere Weise zu umgehen. Es ist schon eigenartig zu erleben, wie das funktioniert. Egal wie groß die Schwierigkeit, wenn wir ihr endlich mit Mut und Zuversicht entgegentreten, scheinen wir irgendwie durchzukommen und wir fangen an, uns zu wundern, warum wir uns überhaupt Sorgen machten. Dies ist keine bloße Einbildung, sondern das Wirken einer mächtigen Kraft, die wir zwar noch nicht voll verstehen, doch jederzeit beweisen können.

Die Menschen fragen öfters: »Es ist ja ganz schön und gut, dass Ihr Leute des Neuen Denkens immer sagt, ›keine Bange!‹, aber warum sollte sich jemand über all die Dinge keine Gedanken machen, die ihn und seine Pläne durcheinander bringen könnten?« Dazu kann ich nur sagen, dass derjenige, der ständig über mögliche Schwierigkeiten nachdenkt, die irgendwann in der Zukunft auftreten könnten, ziemlich töricht ist. Die meisten der Dinge, über die wir uns Sorgen machen, treffen überhaupt nicht ein; ein großer Teil der restlichen kommt in viel milderer Form daher, als wir es erwartet haben; und dann kommen uns gleichzeitig noch viele andere Umstände zur Hilfe, die uns unsere Probleme bewältigen helfen. Die Zukunft hält für uns nicht nur Schwierigkeiten bereit, die wir meistern müssen, sondern auch die entsprechenden Hilfsmittel zu ihrer Überwindung. Die Dinge lösen sich von allein. Wir sind auf jede Schwierigkeit, die über uns kommen mag, vorbereitet und wenn die Zeit kommt, werden wir ihr begegnen können. Gott mäßigt nicht nur den Wind für das geschorene Lamm, sondern er konditioniert auch das Lamm für den Wind. Die kalten Winde und das Scheren fallen nicht zusammen, in der Regel bleibt dem Lamm genug Zeit, Widerstandskräfte aufzubauen und neue Wolle anzusetzen, bevor die kalten Windböen kommen.

Man sagt zu Recht, dass neun Zehntel aller Sorgen über Dinge sind, die niemals eintreten und dass das restliche Zehntel Dinge betrifft, die wenig oder keine Bedeutung haben. Wenn dem so ist, warum sollte man dann seine letzten Reserven mit der Betrachtung von Zukunftsproblemen vergeuden? Warte lieber, bis deine Probleme wirklich eintreffen, bevor du anfängst, dir Sorgen zu machen. Du wirst sehen, wenn du auf diese Weise deine Energie aufládst, wirst du so gut wie jedes Problem angehen können, das dir über den Weg läuft.

Was ist es überhaupt, das dem Durchschnittsmenschen alle Energie raubt? Ist es das eigentliche Überwinden von Problemen oder die bloße Sorge über drohende Schwierigkeiten? Immer heißt es »morgen, morgen« und doch kommt dieses »morgen« nie so, wie wir es befürchtet haben. Lass das »morgen« gut sein; es hält gute Dinge ebenso wie Schwierigkeiten bereit.

Wirklich, wenn ich mich hinsetze und an all die Dinge denke, von denen ich einmal befürchtete, dass sie möglicherweise über mich hereinbrechen könnten, dann muss ich lachen! Wo sind diese ehemals gefürchteten Dinge jetzt? Ich weiß nicht – fast habe ich vergessen, dass ich sie je befürchtete.

Du brauchst Sorgen nicht zu bekämpfen – das ist nicht der Weg, die Angewohnheit zu überwinden. Praktiziere lediglich Konzentration und lerne, dich auf das zu konzentrieren, was direkt vor dir ist. Du wirst sehen, dann verschwindet der Furchtgedanke. Der Verstand kann sich nur auf jeweils eine Sache konzentrieren und wenn du an etwas Angenehmes denkst, wird das Unangenehme aus dem Gedächtnis schwinden. Es gibt bessere Methoden, störende Gedanken zu überwinden, als sie zu bekämpfen. Lerne, dich auf Gedanken gegenläufigen Charakters zu konzentrieren und du wirst das Problem gelöst haben.

Wenn das Bewusstsein voller Furchtgedanken ist, kann es nicht die Zeit finden, nützliche Pläne für dich auszuarbeiten. Hast du dich dagegen auf helle, hilfreiche Gedanken konzentriert, wirst du erleben, dass es unterbewusst zu arbeiten beginnt und dir rechtzeitig alle möglichen Pläne und Methoden zur Verfügung stehen, mit denen du deinen Herausforderungen begegnen kannst. Bleibe in der richtigen geistigen Verfassung und alle Dinge werden dir gegeben werden. Es macht keinen Sinn, sich zu sorgen; nichts wurde je damit gewonnen und auch in Zukunft wird es nichts bringen. Heitere, fröhliche und glückliche Gedanken ziehen heitere, fröhliche und glückliche Dinge an uns heran – Sorgen hingegen vertreiben sie. Kultiviere diese richtige geistige Haltung.

8

Das Gesetz der geistigen Kontrolle

DEINE GEDANKEN sind entweder treue Diener oder tyrannische Meister - gerade so, wie du es ihnen erlaubst zu sein. Du hast das Sagen darüber; triff deine Wahl.

Entweder werden sie deine Arbeit unter Führung des festen Willens verrichten und dies nach ihrem besten Wissen tun, nicht nur in deinen Wachstunden, sondern auch wenn du schläfst. (Einige unserer besten geistigen Leistungen geschehen, wenn unser Wachbewusstsein ruht - was durch die Tatsache belegt wird, dass wir morgens oft erleben, wie sich lästige Probleme über Nacht einfach aufgelöst haben, nachdem wir sie aus unseren Köpfen verbannten.) Oder aber sie werden uns komplett überrollen und uns zu ihren Sklaven machen, falls wir so töricht sind, es ihnen zu erlauben. Mehr als die Hälfte aller Menschen auf dieser Welt sind Sklaven irgendwelcher unsteter Gedanken, die nur das Ziel haben, sie zu quälen.

Deine Denkfähigkeit ist dir zu deinem Guten und zu deinem eigenen Gebrauch gegeben, nicht damit sie dich benutzt. Es gibt nur sehr wenige Leute, welche dies zu realisieren scheinen und sich in der Kunst der Beherrschung ihres Denkens verstehen.

Der Schlüssel zum Geheimnis heißt Konzentration. Ein wenig Übung wird bei jedem Menschen die Fähigkeit entwickeln, seine geistige Maschine richtig zu nutzen. Wenn du eine geistige Aufgabe zu verrichten hast, konzentriere dich einzig und allein auf diese Arbeit und du wirst sehen, dass die Dinge im Nu erledigt werden. Denn nur so lassen sich Friktionen, überflüssige Aufwendungen oder Kraftverschleiß vermeiden. Jedes Gramm Energie wird genutzt und jede Bewegung des mentalen Steuerrads ergibt ein produktives Resultat. Es zahlt sich aus, ein kompetenter Ingenieur des Geistes zu sein.

Wer sich auf die Bedienung seiner geistigen Maschine versteht, weiß, wie wichtig es ist, sie nach getaner Arbeit anzuhalten. Er hört auf, weiterhin Kohle ins Feuer zu geben und selbst dann einen hohen Druck aufrechtzuerhalten, nachdem die Tagesarbeit bereits verrichtet ist. Einige Leute meinen, die Maschine müsse permanent auf Hochtouren laufen, ob es nun Arbeit gibt oder nicht; und dann beschweren sie sich, wenn sie unregelmäßig läuft, sich abnutzt und repariert werden muss. Diese geistigen Maschinen sind empfindlich und erfordern intelligente Bedienung.

Für diejenigen, welche mit den Gesetzen geistiger Kontrolle vertraut sind, scheint die Vorstellung absurd, nachts wach zu liegen und über die Probleme des vergangenen Tages zu grübeln, oder mehr noch, über die des morgigen. Es ist ebenso leicht, die geistige Aktivität herunterzufahren, wie es leicht ist, eine Maschine auf Sparflamme weiterlaufen zu lassen. Das lernen tausende von Menschen in diesen Tagen des Neuen Denkens. Die beste Methode ist, an etwas anderes zu denken – so entgegengesetzt vom sich aufdrängenden Gedanken wie möglich.

Es macht keinen Sinn, unerwünschtes Grübeln mit dem Vorsatz zu bekämpfen, es »ruinieren« zu wollen - das ist eine große Verschwendung von Energie. Je mehr du zu dir selbst sagst, „ich werde an diese Sache nicht denken“, um so öfter kommt sie in deinen Sinn – denn du hältst sie dort mit der Absicht, sie zu treffen. Lasse sie los; widme ihr keinen weiteren Gedanken; konzentriere dich auf etwas komplett Unterschiedliches und fixiere deine Aufmerksamkeit nur darauf. Mit ein wenig Übung wird dir dies gelingen. Im Fokus der Aufmerksamkeit ist immer nur Platz für jeweils eine Sache; widme daher deine Aufmerksamkeit auf einen einzigen Gedanken, und alle anderen werden sich davonstehlen. Versuche es selbst.

9
Die Lebenskraft geltend machen

ICH HABE dir bereits geschildert, welchen Vorteil die Befreiung von Furcht bringt. Nun möchte ich LEBEN in dich hauchen. Viele von euch sind bis jetzt ihren Weg gegangen, als wären sie tot - keine Ambitionen, keine Energie, keine Vitalität, kein Interesse, kein Leben. So wird das niemals etwas werden. Du stagnierst. Wach auf und zeig ein paar Lebenszeichen!

Dies ist nicht ein Ort, wo du herumstolzieren kannst wie ein lebender Leichnam - dies ist der Ort für hellwache, aktive, lebendige Leute. Was wir brauchen, ist ein großes allgemeines Aufwachen; obwohl nichts weniger als ein Stoß aus Gabriels Trompete vonnöten wäre, um einige Leute aufzuwecken, die herumlaufen und meinen zu leben, in Wirklichkeit aber tot gegenüber allem sind, was das Leben lohnenswert macht.

Wir müssen das Leben durch uns hindurchfließen lassen und ihm erlauben, sich selbst auf natürliche Weise auszudrücken. Lass weder die kleinen Sorgen des Lebens, noch die großen, dich entmutigen und dich deiner Vitalität berauben. Bejahe die Lebenskraft in dir und manifestiere sie in jedem Gedanken, jeder Handlung und Tat, und schon bald wirst du aufgeheitert und vor Vitalität und Energie übersprudeln.

Gib ein wenig Leben in deine Arbeit - in deine Vergnügungen - in dich selbst. Hör auf, die Dinge halbherzig zu tun und zeig Interesse an dem, was du tust, sagst und denkst. Es ist erstaunlich, wie viel Interesse wir in den alltäglichen Lebensdingen finden können, wenn wir nur aufwachen. Überall um uns herum sind interessante Dinge - interessante Events passieren in jedem Augenblick - doch wir werden solange nichts von ihnen wissen, bis wir unsere Lebenskraft bejahen und anfangen zu leben, statt bloß zu existieren.

Kein Mensch hat es jemals zu etwas gebracht, es sei denn, er oder sie füllte die alltäglichen Dinge - die Handlungen, die Gedanken - mit Leben aus. Was die Welt braucht, sind lebensbejahende Männer und Frauen. Schau nur in die Augen der Leute, die du triffst - und du siehst, wie wenige von ihnen wirklich leben. Den meisten fehlt dieser Ausdruck bewussten Lebens, der den Menschen, der lebt, von dem unterscheidet, der bloß existiert.

Ich möchte, dass du diese Wahrnehmung von bewusstem Leben erwirbst, so dass du sie in deinem Leben manifestierst und zeigst, was die geistige Wissenschaft für dich getan hat. Ich will, dass du heute damit anfängst und gemäß dem nachstehenden Schema beginnst, an dir zu arbeiten. Du kannst es tun, wenn du nur das richtige Interesse für die Aufgabe an den Tag legst.

AFFIRMATION UND ÜBUNG

Fixiere in deinem Bewusstsein den Gedanken, dass das »ICH« in dir sehr lebendig ist und dass du das Leben vollauf bejahst, geistig und physisch. Halte an diesem Gedanken fest und unterstütze dich selbst mit ständigen Wiederholungen der Parole.

Lass den Gedanken nicht entwischen, sondern schiebe ihn immer wieder ins Bewusstsein zurück. Halte ihn vor deinem geistigen Auge, wenn du morgens aufwachst, und sage ihn laut, wenn du abends zu Bett gehst. Und sage es zu den Mahlzeiten und wann immer du kannst während des ganzen Tages - mindestens einmal pro Stunde. Präge ein mentales Bild von dir selbst, als wärest du erfüllt mit Leben und Energie. Lebe danach so weit wie möglich.

Wenn du mit einer Aufgabe beginnst, sag »ICH LEBE« und gib so viel Leben wie du kannst in diese Aufgabe. Wenn du dich niedergeschlagen fühlst, sag »ICH LEBE« und nimm dann ein paar tiefe Atemzüge; denke bei jedem Einatmen, dass du Stärke und Leben einatmest, und bei jedem Ausatmen, dass du all die alten, toten, negativen Konditionierungen aus dir herausholst und froh bist, sie loszuwerden. Schließe mit einer aufrichtigen, kräftigen Affirmation: »ICH LEBE« und meine das auch, wenn du es sagst.

Dann lass deine Gedanken durch dein Handeln Gestalt annehmen. Gib dich nicht damit zufrieden, bloß auszusprechen, dass du lebst, sondern beweise es mit deinen Taten. Zeige ein aktives Interesse an deinem Tun und geh nicht umher, als würdest du schlafwandeln oder Tagträumen nachhängen. Komm zur Sache und LEBE.

10
Das Gewohnheitsdenken trainieren

PROFESSOR WILLIAM James, der berühmte Psychologe, sagte einmal treffend: »Die beste aller Erziehungen ist, wenn wir unsere Psyche zu unserem Verbündeten machen statt zu unserem Feind. Dazu müssen wir frühestmöglich so viele nützliche Handlungen wie wir können automatisieren, sie uns zur Gewohnheit machen und diese dann sorgsam pflegen, damit sie sich nicht nachteilig entwickeln. Beim Erwerb einer neuen Gewohnheit oder dem Ablegen einer alten müssen wir so stark und entschieden wie möglich vorgehen. Akzeptiere niemals eine Ausnahme, bis die neue Gewohnheit fest in deinem Leben verwurzelt ist. Ergreife die allererste sich bietende Gelegenheit, um gemäß jeder Resolution, die du machst und jedem emotionalen Antrieb, den du erfährst, in Richtung der Gewohnheiten zu handeln, die du zu gewinnen anstrebst.«

Dieser Rat ist in seinen Grundzügen allen Studenten der geistigen Wissenschaft bekannt, aber er nennt die Sache klarer beim Namen als die meisten von uns es getan haben. Er schärft uns ein, wie wichtig es ist, dem Unterbewusstsein die geeigneten Impulse zu vermitteln, so dass sie automatisiert und uns zur »zweiten Natur« werden.

Unser Unterbewusstsein ist ein großartiger Speicher für alle möglichen Eingebungen von uns selbst oder anderen und weil es das »Gewohnheitsbewusstsein« ist, müssen wir aufpassen, dass wir ihm das richtige Material schicken, womit es die Gewohnheiten erzeugen kann.

Wenn wir bestimmte Dinge gewohnheitsmäßig beginnen zu tun, erleichtert uns das Unterbewusstsein die erneute Durchführung der gleichen Sache immer mehr, bis wir schließlich mit den Seilen und Ketten dieser Gewohnheit fest umschnürt sind. Irgendwann finden wir es ziemlich schwierig, manchmal sogar unmöglich, uns von dem verhassten Ding zu befreien.

Wir sollten gute Gewohnheiten für die Zeit kultivieren, wenn wir sie brauchen. Die Zeit wird kommen, wenn wir gefordert werden, unser Bestes zu geben. Es hängt von uns heute ab, ob wir in dieser Zeit der Not das Richtige automatisch und fast ohne Nachdenken tun oder uns abmühen müssen, weil wir von den Ketten der Dinge heruntergezogen und behindert werden, die dem, was wir uns gerade wünschen, entgegenstehen.

Wir müssen stets auf der Hut sein, um das Entstehen unerwünschter Gewohnheiten verhindern zu können. Es mag nichts dabei sein, heute eine Sache zu tun oder vielleicht morgen wieder, aber es kann ziemliche Unannehmlichkeiten nach sich ziehen, eine Gewohnheit für diese spezielle Sache zu entwickeln. Wenn du mit der Frage konfrontierst wirst, »welches dieser beiden Dinge sollte ich tun?«, dann ist die beste Antwort: »Ich werde das tun, was ich mir zur Gewohnheit machen möchte.«

Beim Entwickeln einer neuen Gewohnheit oder dem Brechen einer alten sollten wir uns mit so viel Begeisterung wie nur möglich in die Aufgabe vertiefen. Dann haben wir genug Vorsprung gewonnen, noch bevor die Energie beim Zusammenprall mit den alten, entgegenwirkenden Gewohnheiten sich erschöpfen kann. Wir sollten damit beginnen, einen möglichst starken Eindruck auf das Unterbewusstsein zu machen. Dann sollten wir stets gegen jegliche Versuchung auf der Hut sein, die neue Resolution »nur dieses eine Mal« zu brechen. Die Idee des »nur dieses eine Mal" erstickt mehr positive Resolutionen als jede andere Ursache. In dem Moment, wo du »nur dieses eine Mal«

nachgibst, bringst du die scharfe Kante des Keils ins Spiel, der letzten Endes deine Standfestigkeit in Stücke zerschlägt.

Ebenso wichtig ist die Tatsache, dass jedes Mal, wenn du der Versuchung widerstehst, deine Entschlusskraft umso stärker wird. Handle gemäß deinem Vorsatz so früh und oft wie möglich, denn mit jeder Manifestation eines in Aktion gesetzten Gedankens kann er nur stärker werden. Jedes Mal, wenn du ihn mit aktivem Handeln unterstützt, machst du deine ursprüngliche Resolution stärker.

Man hat das Bewusstsein mit einem Stück Papier verglichen, das gefaltet wurde. Anschließend wird es stets dahin tendieren, immer wieder entlang des gleichen Falzes zu knicken - es sei denn, wir machen einen neuen Falz, dann wird es sich entlang der letzten Linien falten. Und diese Falten sind Gewohnheiten - jedes Mal, wenn wir eine formen, ist es so viel leichter für das Bewusstsein, anschließend entlang des gleichen Falzes zu knicken. Lasst uns unsere geistigen Bügelfalten in die richtige Richtung machen.

11
Die Psychologie der Emotion

MAN KÖNNTE meinen, Emotionen hätten mit Gewohnheit nichts gemeinsam. Gewohnheit, die aus dem Tun oder sogar Denken entsteht, ja, aber Emotionen verbinden wir in der Regel mit »Gefühl«, und das ist doch grundverschieden von intellektuellem Bemühen. Doch trotz der Unterschiede stützen sich beide weitgehend auf Gewohnheit und man kann seine Emotionen ebenso unterdrücken, erhöhen, entwickeln und ändern wie man die Gewohnheiten des Tuns und der Gedankengänge regulieren kann.

Ein Grundsatz der Psychologie besagt, dass »Emotionen sich durch Wiederholung vertiefen«. Wenn eine Person einem Gefühlszustand erlaubt, totalen Besitz von ihr zu ergreifen, wird sie es einfacher finden, der gleichen Emotion ein zweites Mal nachzugeben und so weiter, bis diese spezifische Emotion oder Gefühl zu ihrer zweiten Natur wird. Falls sich also eine unerwünschte Emotion anschickt, permanent bei dir einzuloggen, solltest du besser sofort damit beginnen, sie loszuwerden oder sie zumindest zu beherrschen. Die beste Zeit dafür ist natürlich am Anfang, denn jede Wiederholung gräbt diese Gewohnheit um so fester ein und ihre Beseitigung wird zunehmend schwieriger.

Warst du jemals neidisch? Wenn ja, dann wirst du dich erinnern, wie hinterlistig sein erstes Anschleichen war, wie subtil es hasserfüllte Andeutungen in dein offenes Ohr flüsterte und wie es nach und nach alle möglichen negativen Suggestionen aufnahm, bis du schließlich vor Neid grün und gelb wurdest. (Neid schlägt auf die Galle und vergiftet das Blut. Daher stammt dieser Ausdruck.) Dann wirst du dich erinnern, wie dieses Ding zu wachsen schien und Besitz von dir nahm, bis du es kaum mehr abschütteln konntest. Das nächste Mal kam es dir schon viel leichter vor, neidisch zu werden. Es schien dir alle nur denkbaren Gründe zu geben, um deine Verdächtigungen und Gefühle zu rechtfertigen. Alles erschien grün und gelb - das grün-gelbäugige Monster, voll aufgebläht.

Und so verhält es sich mit jedem Gefühl oder Emotion. Wenn du einem Zornesausbruch oder Wutanfall nachgibst, findest du es das nächste Mal leichter, zornig zu werden, aus geringerem Anlass. Die Gewohnheit des »miesen« Fühlens und Handelns braucht nicht lange, um sich in ihrem neuen Heim einzunisten, wenn sie dazu ermuntert wird. Sorge ist eine großartige Gewohnheit, um Wachstum und Fett anzusetzen. Zuerst sorgen sich die Leute um große Dinge, dann beginnen sie, wegen irgendeiner kleinen Sache besorgt zu werden oder sich aufzuregen. Schließlich macht sie die kleinste Bagatelle fertig. Sie stellen sich vor, von allen möglichen schlimmen Dingen befallen zu werden. Gehen sie auf eine Reise, sind sie sicher, dass es unterwegs zu einem Unglück kommen wird. Kommt ein Telegramm, dann kann es nur irgendwelche furchtbaren Botschaften enthalten. Ist ein Kind stiller als sonst, gerät die besorgte Mutter gleich in Panik, dass es krank werden und sterben könnte. Erscheint der Ehemann nachdenklich, weil er sich einen Geschäftsplan durch den Kopf gehen lässt, wittert die gute Ehefrau sogleich ein Nachlassen seiner Liebe zu ihr und bricht in Tränen aus. Und so geht es weiter - Sorge, Sorge, Sorge - jedes ihr sich Hingeben macht es der Gewohnheit leichter, sich einzuquartieren. Nach einer Weile tritt der unablässige Gedanke dann in Aktion. Nicht nur ist das Bewusstsein von depressiven Gedanken vergiftet, sondern es zeigen sich auch auf der Stirn tiefe Sorgenfalten und die Stimme nimmt diesen weinerlichen, verzagten Tonfall an, der sorgengeplagte Leute so auszeichnet.

Die Geisteshaltung genannt »Mäkelei« ist eine andere Emotion, die mit jeder Übung zunimmt. Zuerst wird an dieser Sache etwas ausgesetzt, dann an jener und schließlich an allem. Die Person wird zum chronischen Nörgler, zu einer Belastung für Freunde und Verwandte und zu jemandem, den Außenstehende lieber meiden. Frauen können die größten Nörgler sein, aber nur weil Männer untereinander diesen Unsinn weniger tolerieren. Jedenfalls ist all dieses Nörgeln nichts als Gewohnheit. Sie erwächst aus kleinen Anfängen und jedes Mal, wenn man sich ihr hingibt, wirft sie eine andere Wurzel oder Ranke und klammert sich immer enger an den, der ihr die Erde zum Wachstum bereitgestellt hat.

Neid, Geiz, Klatsch und Tratsch, alle gehören zu dieser Art von Gewohnheiten. Die Saat ruht in jeder menschlichen Brust und benötigt nur gute Erde und ein wenig Bewässerung, um aufzukeimen und zu erstarken.

Jedes Mal, wenn du einer dieser negativen Emotionen nachgibst, machst du es ihr leichter, Gleiches oder Ähnliches zu wiederholen. Indem du nur *eine* unwürdige Emotion ermutigst, wirst du erleben, dass du Raum zum Wachstum einer ganzen Familie dieser geistigen Unkräuter geschaffen hast.

Nun soll das hier keine altmodische Predigt gegen die Sündhaftigkeit schlechter Gedanken sein. Es soll dich nur auf das Gesetz hinweisen, welches der Psychologie der Emotion zu Grunde liegt. Es ist nichts Neues - ein alter Hut -; so alt, dass viele von uns es total vergessen haben. Wenn du diese permanent verdrießlichen und unerfreulichen Charaktereigenschaften pflegen und die daraus resultierende Freudlosigkeit erleiden willst, dann tu's um alles in der Welt - es ist deine eigene Angelegenheit und Privileg. Es geht mich nichts an und ich halte dir keine Standpauke - ich habe genug damit zu tun, mich um mich selbst zu kümmern und auf meine eigenen unerwünschten Gewohnheiten und Handlungen aufzupassen. Ich zeige dir nur das diese Sache betreffende Gesetz und der Rest bleibt dir überlassen.

Wenn du schlechte Gewohnheiten loswerden willst, stehen dir zwei Wege offen.

Erstens: Wann immer du dich bei einem negativen Gedanken oder Gefühl ertappst, pack es und sag ihm: »Raus mit dir!«. Zuerst wird es das nicht mögen und sich aufbäumen, seinen Rücken krümmen und fauchen wie eine beleidigte Katze. Egal - sag ihm einfach »verschwinde«. Das nächste Mal wird es nicht mehr so selbstsicher und agressiv sein - es wird bereits ein wenig von der Furchtgewohnheit abbekommen haben. Je öfter du eine derartige Neigung herausgewürgt hast, umso schwächer wird sie und umso stärker dein Wille.

Professor James sagt: »Weigere dich, einer Sucht nachzugeben, und sie wird sterben. Zähle bis zehn, bevor du deinem Ärger Luft machst, und seine Ursache wird dir lächerlich erscheinen. Pfeife eine Melodie, um dich selbst aufzumuntern - das hilft wirklich. Denn den ganzen Tag in gebeugter Haltung herumzusitzen, zu seufzen und auf alles mit trübseliger Stimme zu antworten, lässt die Melancholie nur weiter herumlungern. In der Moralethik gibt es kein wertvolleres Gebot als dieses, wie alle Erfahrenen wissen: wenn wir emotionelle Neigungen in uns überwinden wollen, müssen wir unverdrossen und in erster Linie kaltblütig durch die äußerlichen Bewegungen jener gegenläufigen Gemütsstimmungen gehen, die wir kultivieren möchten. «

Also zweitens: Glätte die Augenbraue, lass deine Augen erstrahlen, geh aufrecht und sprich mit fester Stimme, gib ein ehrliches Kompliment, und dein Herz muss schon versteinert sein, wenn es dann nicht allmählich auflebt.

12

Neue Gehirnzellen entwickeln

ICH HABE dargestellt, wie man unerwünschte Gefühlszustände mittels Austreibung los wird. Ein weitaus besserer Weg ist jedoch, die Emotion zu kultivieren, die genau das Gegenteil von der ist, die man wünscht auszulöschen.

Wir sind geneigt, uns als Kreaturen unserer Emotionen und Gefühle zu betrachten und bilden uns ein, dass diese Gefühle und Emotionen »wir« sind. Weit gefehlt. In Wahrheit sind die meisten Menschen Sklaven ihrer Emotionen und Gefühle und werden von ihnen in großem Maße beherrscht. Sie sehen Gefühle als Dinge an, die einen regieren und wovon man sich nicht befreien kann und hören daher auf, dagegen zu rebellieren. Sie geben dem Gefühl widerstandslos nach, obwohl sie wissen, dass die Emotion oder geistige Haltung ihnen höchstwahrscheinlich Schaden zufügen und ihnen Unzufriedenheit und Misslingen statt Glück und Erfolg bringen wird. „Wir sind halt so", sagen sie, und belassen es dabei.

Die Neue Psychologie lehrt den Leuten bessere Dinge. Sie sagt ihnen, dass sie Meister ihrer Emotionen und Gefühle sind statt ihre Sklaven. Sie sagt ihnen, dass Gehirnzellen entwickelt werden können, die sich entlang der gewünschten Linien manifestieren und dass die alten Zellen, die sich so unangenehm hervorgetan haben, in den Ruhestand geschickt und mangels Benutzung der Verkümmerung überlassen werden können. Menschen können sich selbst erneuern und ihre gesamte Wesensart ändern. Das ist keine bloße Theorie, sondern eine echte Tatsache, die von tausenden von Leuten bereits vorgelebt wurde und in der breiten Öffentlichkeit mehr und mehr zur Kenntnis genommen wird.

Egal welche Vorstellung wir uns vom Geistbewusstsein machen, wir müssen zugeben, dass das Gehirn das Organ und Instrument des Geistes ist, zumindest in unserem jetzigen Daseinszustand, und dass das Gehirn in dieser Hinsicht als Materie angesehen werden muss.

Das Gehirn ist wie ein wundervolles Musikinstrument mit Millionen von Tasten, auf welchem wir unzählige Tonkombinationen spielen können. Wir kommen in die Welt mit bestimmten Neigungen, Temperamenten und Veranlagungen. Wir mögen diese Neigungen der Vererbung zurechnen oder früheren Existenzen, doch die Fakten bleiben die gleichen. Gewisse Tasten scheinen einfacher auf unsere Berührung zu reagieren als andere. Bestimmte Töne scheinen herauszuklingen, wenn die Flut äußerer Ereignisse über die Saiten fegt. Bestimmte andere Saiten wiederum werden weniger leicht zum Vibrieren gebracht. Doch schnell finden wir heraus: sobald wir eine Willensanstrengung machen, einige dieser leicht in Schwingung zu versetzenden Saiten vom Ertönen abzuhalten, dann werden sie schwieriger anzuschlagen und weniger geneigt sein, sich von jeder vorbeiziehenden Brise gleich in Bewegung setzen zu lassen. Und wenn wir einigen der anderen Saiten, die bisher noch keinen klaren Klang hervorgebracht haben, ein wenig mehr Aufmerksamkeit schenken, dann bekommen wir sie bald gestimmt; ihre Klänge werden klar und dynamisch vibrieren und die weniger angenehmen Klänge übertönen.

Wir besitzen Millionen unbenutzter Gehirnzellen, die darauf warten, von uns kultiviert zu werden. Nur ein paar gebrauchen wir und einige davon müssen sich zu Tode schuften. Ihnen können wir ein wenig Ruhe gönnen, indem wir andere Zellen beanspruchen. Das Gehirn kann auf eine Art und Weise trainiert und kultiviert werden, die jemandem, der sich mit dem Thema nicht auskennt, schier unglaublich erscheint. Geisteshaltungen können erworben und kultiviert, auswechselt und abgelegt werden, völlig nach Belieben. Es gibt keine Entschuldigung mehr für Leute, die unangenehme und schädliche Geisteshaltungen pflegen. Die Lösung liegt ganz bei uns.

Wir erwerben Gewohnheiten des Denkens, Fühlens und Handelns, des wiederholten Gebrauchs. Vielleicht sind wir mit einer bestimmten Veranlagung geboren worden oder erwerben Neigungen auf Empfehlung anderer; so wie bestimmte Beispiele um uns herum, Eingebungen durch Lesen, von Lehrern. Wir sind ein Bündel aus geistigen Gewohnheiten. Jedes Mal, wenn wir uns einem unerwünschten Gedanken oder einer unerwünschten Gewohnheit hingeben, fällt es uns leichter, dieses Denkschema oder Handeln zu wiederholen.

Wünschenswerte Gedanken oder Geisteshaltungen werden von Geisteswissenschaftlern gewöhnlich als »positiv« bezeichnet, die unerwünschten als »negativ«. Dafür gibt es einen guten Grund. Das Bewusstsein registriert bestimmte Dinge instinktiv als gut für das Individuum, zu dem es gehört, es macht den Weg frei für solche Gedanken und stellt ihnen den geringsten Widerstand entgegen. Sie haben eine viel größere Wirkung als unerwünschte Gedankenprozesse, ja ein positiver Gedanke wird etliche negative Gedanken aufheben. Der beste Weg, unerwünschte oder negative Gedanken und Gefühle zu überwinden, ist die Kultivierung der positiven. Der positive Gedanke ist die stärkste Pflanze und wird beizeiten den negativen aushungern, indem er ihm die für seine Existenz notwendige Nahrung entzieht.

Natürlich wird der negative Gedanke zunächst vehementen Widerstand leisten, denn er muss um sein Leben bangen. Sozusagen sieht er sein Ende herannahen, sobald dem positiven Gedanken erlaubt wird, zu wachsen und zu gedeihen; daher macht er dem Individuum erst einmal »die Hölle heiß«, bis dieses mit dem Aushungern einigermaßen weit vorangekommen ist. Gehirnzellen mögen es ebenso wenig wie jede andere Form von lebender Energie, aufs Abstellgleis geschoben zu werden, und sie rebellieren und sträuben sich dagegen, bis sie schließlich zu schwach werden. Das Beste ist, diesem Unkraut des Denkens so wenig Aufmerksamkeit wie möglich zu schenken, stattdessen den neuen und schönen Pflanzen im Garten des Bewusstseins so viel Zeit wie möglich für ihre Bewässerung, Hege und Pflege zu widmen.

Wenn du beispielsweise dazu neigst, Leute zu hassen, dann kannst du den negativen Gedanken am besten überwinden, wenn du Liebe an seiner Statt kultivierst. Denke Liebe und handle demgemäß, so oft wie möglich. Kultiviere liebenswürdige Gedanken und zeige dich so freundlich wie du kannst gegenüber jedem, mit dem du in Kontakt kommst. Anfangs wirst du damit Probleme haben, doch allmählich wird die Liebe den Hass überwinden und letzterer wird anfangen den Kopf hängen zu lassen und zu welken. Falls du eine Neigung zum »Blues« [Schwermütigkeit] hast, dann kultiviere ein Lächeln und eine heitere Sicht der Dinge. Veranlasse deinen Mund, nach oben gezogene Krümmungen zu zeigen und mach eine Willensanstrengung, auf die schönen Dinge des Lebens zu schauen. Die »blauen Teufel« werden es natürlich auf einen Kampf ankommen lassen, doch schenke ihnen keinerlei Beachtung – fahr einfach damit fort, Optimismus und Heiterkeit zu kultivieren. Lass »Fröhlich, Heiter und Glücklich« deine Losung sein und versuche, dies auszuleben.

Diese Rezepte mögen sehr altmodisch und abgenutzt klingen, doch sind sie psychologische Wahrheiten, die du zu deinem Vorteil nutzen kannst. Wenn du die Natur der Sache erst einmal verstehst, wirst du auch die Affirmationen und Autosuggestionen der verschiedenen Schulen verstehen und dir zunutze machen. Mit dieser Methode kannst du dich dynamisch statt träge geben, aktiv statt faul. Alles ist eine Frage des Übens und steter Arbeit. Die Leute des Neuen Denkens reden viel vom »Bewahren des Gedankens« und in der Tat ist es notwendig, das Denken beizubehalten, um Resultate zu erzielen. Doch ein wenig mehr ist notwendig. Du musst den Gedanken auch »aktiv umsetzen«, bis er dir zur festen Gewohnheit wird. Gedanken nehmen durch Handeln Gestalt an und umgekehrt beeinflussen Handlungen das Denken.

Indem also bestimmte Gedankengänge in Handlungen »umgesetzt« werden, reagieren diese Handlungen auf das Bewusstsein und erhöhen die Entwicklung des Teils des Bewusstseins, das eine enge Beziehung zur Handlung hat. Jedes Mal, wenn das Bewusstsein einen Gedanken unterhält, wird die daraus resultierende Handlung leichter – und jedes Mal nach Durchführung einer Handlung lässt sich der dazugehörige Gedanke leichter denken.

Du siehst also, die Sache funktioniert in beide Richtungen – Aktion und Reaktion. Wenn du dich heiter und glücklich fühlst, ist es nur natürlich, dass du lachst. Und wenn du ein wenig lachst, fängst du an, dich heiter und fröhlich zu fühlen. Auf den Punkt gebracht: Wenn du eine bestimmte Gewohnheitshandlung kultivieren möchtest, dann beginne damit, eine ihr entsprechende geistige Haltung zu kultivieren. Und um diese geistige Haltung zu kultivieren, beginnst du damit, die der Aktion entsprechenden Bewegungen umzusetzen bzw. sie durchzuspielen. Schau nun, ob du diese Regel nicht auch anwenden kannst. Greif etwas auf, wovon du überzeugt bist, dass es gemacht werden muss, wovor du dich bisher jedoch gedrückt hast. Kultiviere den Gedanken, der dazu hinführt – sag zu dir selbst: „Ich möchte es so und so tun“, geh dann durch die Bewegungen (nicht vergessen, fröhlich!) und setze den Gedanken um, dass du diese Angelegenheit wirklich erledigen möchtest. Zeig Interesse am Tun - studiere den besten Weg zur Durchführung - strapaziere deine Gehirnzellen - leg deinen ganzen Stolz hinein - und du wirst sehen, wie du die Sache mit einem beträchtlichen Maß an Freude und Interesse durchziehst. Du hast eine neue Gewohnheit kultiviert.

Falls du es auf irgendeine Charaktereigenschaft anwenden möchtest, die du unbedingt loswerden willst, so wird es auf die gleiche Art funktionieren. Fang an, die genau gegenteilige Charaktereigenschaft zu kultivieren und denke und lebe sie aus mit all deiner Kraft. Beobachte dann die Wandlung, die über dich kommt. Lass dich nicht von dem Widerstand entmutigen, der dir zunächst entgegentritt, sondern sing fröhlich „ich kann und ich will" und geh ernsthaft an die Arbeit. Das Wichtige an dieser Arbeit ist, fröhlich und interessiert zu bleiben. Wenn du das schaffst, wird der Rest ein Leichtes sein.

13
Die Macht der Anziehung – Wunscheskraft

WIR HABEN über die Notwendigkeit gesprochen, sich von der Furcht zu befreien, damit dein Verlangen mit voller Kraft arbeiten kann. Angenommen, du hast diesen Teil der Aufgabe gemeistert oder bist zumindest auf dem Weg dorthin, dann möchte ich deine Aufmerksamkeit jetzt auf einen anderen wichtigen Aspekt des Themas lenken. Ich spreche von mentalen Lecks. Nein, damit ist nicht die undichte Stelle gemeint, die aus deiner Unfähigkeit erwächst, eigene Geheimnisse zu wahren – das mag auch wichtig sein, ist jedoch eine andere Geschichte. Das Leck, auf das ich mich hier beziehe, wird von der Gewohnheit erzeugt, sich gleich von jedem noch so kleinen Lustgefühl beeinflussen und ablenken zu lassen.

Um eine Sache zu erreichen, ist es notwendig, dass man sich in sie verliebt und sich ihrer Existenz bewusst ist, praktisch unter Ausschluss alles anderen. Du musst dich in das Ding verlieben, das du zu bekommen wünschst, genau so sehr als würdest du das Mädchen oder den Mann treffen, das oder den du heiraten möchtest. Damit meine ich nicht, dass du ein Monomane in Bezug auf diese Sache werden und jedes Interesse an allem anderen in der Welt verlieren sollst – das wäre übertrieben, denn das Gemüt braucht Erholung und Abwechslung. Was ich meine, ist: Du musst so auf die gewünschte Sache fixiert sein, dass alles andere von zweitrangiger Bedeutung wird. Ein Verliebter mag zu jedermann nett sein und in guter Laune durch die Pflichten und Annehmlichkeiten seines Lebens gehen, doch alles, was er sich selbst insgeheim vorsummt, ist immer wieder „nur dieses Mädchen". Jede einzelne seiner Handlungen ist darauf ausgerichtet, dieses Mädchen zu bekommen und ihr ein schönes Heim zu bereiten. Siehst du, was ich meine? Du musst dich in die von dir gewünschte Sache verlieben, und zwar ernsthaft – nicht etwa im Sinne eines schnellen Flirts nach dem Motto „Ex und Hopp“, sondern in der bewährten altmodischen Art, die einen jungen Mann daran hinderte, einzuschlafen, es sei denn er machte einen abendlichen Spaziergang um das Haus seines liebsten Mädels – nur um sicherzugehen, dass es sich noch dort befand. Das ist die wahre Art!

Und jeder, der den Erfolg sucht, muss diesen Wunsch zu seiner alles beherrschenden Leidenschaft machen – er muss sein Denken auf die wichtigste Chance konzentrieren. Erfolg ist eifersüchtig – daher müssten wir von ihm eigentlich in der weiblichen Form sprechen. Sie fordert eines Mannes ganze Zuneigung, und falls er mit anderen Charmeusen zu flirten beginnt, dreht sie ihm bald den Rücken zu. Erlaubt ein Mann seinem starken Interesse an der wichtigsten Chance, abgelenkt zu werden, wird er der Verlierer sein. Mentale Kräfte arbeiten am besten, wenn sie konzentriert werden. Du musst deiner gewünschten Sache deine besten und aufrichtigsten Gedanken geben. Genau so wie der über beide Ohren verliebte Mann sich Pläne und Maßnahmen ausdenken wird, um seiner Angebeteten zu gefallen, genau so wird der in seine Arbeit oder sein Geschäft verliebte Mann dafür sein Bestes geben und das Ergebnis wird aus 101 Plänen bestehen, die ihm durch den Kopf gehen, wovon viele sehr wichtig sind. Denk daran, das Bewusstsein greift auf die unterbewusste Ebene zu und orientiert sich fast immer an der beherrschenden Leidenschaft oder des beherrschenden Verlangens. Es wird Dinge arrangieren und Pläne und Maßnahmen zusammenfügen, und wenn du sie am meisten brauchst, wird es sie in deinem Bewusstsein auftauchen lassen. Dann meinst du, vor Begeisterung hurra schreien zu müssen, so als hättest du irgendeine tolle Unterstützung von außerhalb erhalten.

Doch wenn du deine Gedankenkraft vergeudest, wird das Unterbewusstsein nicht wissen, wie es dich nun zufrieden stellen soll, und schließlich wirst du von dieser Quelle der Hilfe und Unterstützung abgeschnitten. Zudem wirst du während des bewussten Ausarbeitens der Details deiner Pläne das kraftvolle Resultat konzentrierten Denkens verpassen. Und dann wiederum wird jemand, in dessen Kopf ein Dutzend verschiedener Interessen kreisen, diese Anziehungskraft nicht so sehr zu seinem Nutzen anzapfen können wie jemand mit einer alles beherrschenden Leidenschaft. Er wird darin scheitern, Personen, Dinge und Resultate an sich zu ziehen, die ihm beim Ausführen seiner Pläne helfen und er wird ebenso darin scheitern, sich selbst in den fließenden Strom der Anziehung zu bringen, wodurch er erst mit jenen in Kontakt kommen kann, die ihm aufgrund übereinstimmender Interessen gerne helfen würden.

Ich habe bei mir selbst festgestellt, dass, sobald ich mich von irgendetwas außerhalb meiner regulären Arbeit ablenken ließ, es nur eine kurze Zeit dauern würde, bis mein Einkommen abfiel und mein Geschäft Anzeichen mangelnder Vitalität aufwies. Nun mögen viele sagen, dies passierte, weil ich einige Dinge, die ich bei voller Konzentration auf das Geschäft getan hätte, liegen ließ. Das ist wahr; doch ich habe ähnliche Resultate beobachtet in Fällen, wo es nichts zu tun gab – Fälle, bei denen die Saat ausgesät war und die Ernte erwartet wurde. Und sobald ich in genau solchen Fällen mein Denken auf die Sache lenkte, begann die Saat zu sprießen.

Ich meine nicht, dass ich großartige mentale Wellen mit der Absicht, Leute zu beeinflussen, aussenden musste – keineswegs. Ich dachte einfach nur daran, was für ein gutes Produkt ich hatte und wie viele Leute es wollten und wie glücklich sie sein würden, davon zu wissen und so weiter, und siehe, meine Gedanken schienen die Arbeit zu beleben und die Saat begann zu sprießen. Das ist keine bloße Einbildung, denn ich habe es bei verschiedenen Gelegenheiten erfahren; ich habe mit vielen anderen über das

Thema gesprochen und stellte fest, dass unsere Erfahrungen perfekt übereinstimmten.

Verfalle daher nicht in die Gewohnheit, diese geistigen Lecks zuzulassen. Halte dein Verlangen frisch und aktiv und lass es – unbeeinflusst von sich widersprechenden Wünschen – seine Arbeit tun. Bleib in die Sache, die du wünschst, verliebt – füttere deine Vorstellungskraft damit – betrachte sie als schon erreicht, aber verliere nicht dein Interesse. Bleibe auf die Hauptsache fixiert und halte die eine dich beherrschende Leidenschaft stark und rigoros aufrecht. Sei kein geistiger Polygamist – *eine* geistige Liebe ist alles, was der Mensch braucht – das heißt, eine nach der anderen.

Etliche Wissenschaftler haben behauptet, dass etwas, was man gemeinhin auch als »Liebe« bezeichnet, sich im Bodensatz des ganzen Lebens befindet. Sie führen an, dass die Liebe der Pflanze für das Wasser sie veranlasst, so lange ihre Wurzeln auszusenden, bis das geliebte Ding gefunden ist. Sie sagen, die Liebe der Blume für die Sonne würde sie veranlassen, von den dunklen Plätzen fort zu wachsen, so dass sie das Licht empfangen kann. Die so genannten »chemischen Affinitäten« sind in Wirklichkeit eine Form von Liebe. Und das Verlangen ist eine Manifestation dieses universellen Liebeslebens. Ich benutze daher keine bloße Redewendung, wenn ich dir sage, dass du die Sache lieben musst, die du erreichen möchtest. Nichts als intensive Liebe wird es dir ermöglichen, die vielen Hindernisse, die auf deinen Weg gestellt wurden, zu überwinden. Nichts als diese Liebe wird es dir ermöglichen, die Lasten der Aufgabe zu ertragen. Je mehr Verlangen du für eine Sache hast, umso mehr wirst du sie lieben; und je mehr du sie liebst, umso größer wird die Anziehungskraft zu ihrer Erreichung sein – sowohl innerhalb dir selbst als auch außerhalb von dir.

Liebe daher nur jeweils *eine* Sache - sei kein geistiger Mormone.

14
Die Großen Dynamischen Kräfte

DU HAST den Unterschied bemerkt zwischen erfolgreichen und starken Menschen aus allen Gesellschaftsschichten und den erfolglosen, schwachen Menschen um sie herum. Die weit auseinander klaffenden Charakteristika beider Klassen sind dir zwar bekannt, doch hast du Schwierigkeiten aufzuzeigen, worin genau diese Unterschiede liegen. Schauen wir uns die Sache ein wenig näher an.

Burton sagte: »Je länger ich lebe, umso sicherer bin ich mir, dass der große Unterschied zwischen Menschen, den kraftlosen und mächtigen, den großen und unbedeutenden, in Energie und unbesiegbarer Entschlossenheit liegt – eine einmal beschlossene Zielsetzung und dann Tod oder Sieg. Diese Qualität wird alles tun, was in dieser Welt getan werden kann – und keine Talente, keine Umstände, keine Gelegenheiten machen ohne sie eine zweibeinige Kreatur zu einem Menschen.« Klarer, meine ich, kann man diese Idee nicht ausdrücken, als Burton sie in Worte gefasst hat. Er hat seinen Finger genau auf die Mitte unseres Themas gelegt – sein Auge hat direkt ins Herz gesehen.

Energie und unbesiegbare Entschlossenheit – diese beiden Dinge werden mächtige Barrieren hinwegfegen und die größten Hindernisse überwinden. Allerdings müssen beide zusammen genutzt werden. Energie ohne Entschlossenheit wird verpuffen. Viele Leute verfügen über reichlich Energie – sie fließen schier damit über – und doch fehlt ihnen die Konzentration – ihnen fehlt die konzentrierte Kraft, die es ihnen ermöglicht, ihre Leistung an der richtigen Stelle anzusetzen.

Energie ist längst nicht ein so seltenes Ding wie viele meinen. Ich muss mich nur umschauen und kann jederzeit eine beliebige Anzahl Leute benennen, von denen ich weiß, dass sie voller Energie sind - viele von ihnen sind Energie Plus - und doch scheinen sie irgendwie keine Fortschritte zu machen. Ständig vergeuden sie ihre Energie. Heute spielen sie mit der einen Sache herum, morgen mit einer anderen. Sie beginnen irgendeine unwichtige Sache, ohne wirkliches Interesse oder Bedeutung, und vergeuden genug Energie und Nervenkraft, um sie durch die harte Arbeit eines Tages zu tragen; und doch wurde am Ende nichts erreicht.

Andere, die viel Energie besitzen, versagen dabei, diese mittels Willenskraft zum gewünschten Ende zu steuern. »Unbesiegbare Entschlossenheit« - dies sind die Schlüsselworte. Erregen sie dich nicht mit ihrer unbändigen Kraft? Wenn du etwas zu tun hast, dann fang an zu arbeiten und tu es. Beherrsche deine Energie, und anschließend führe und steure sie mit deinem Willen - verleihe ihr diese »unbesiegbare Entschlossenheit«, und du wirst deine Sache gut machen.

Jeder hat in sich selbst einen gigantischen Willen, doch die Mehrheit von uns ist zu faul, ihn auch zu benutzen. Wir können uns nicht zu dem Punkt bringen, wo wir ernsthaft sagen: »Ich will.« Wenn wir nur bis zu diesem Punkt den Mut fassen und ihn dann an eben der Stelle festnageln würden, ohne dass er zurück gleiten könnte, dann, ja dann wären wir in der Lage, jene wundervolle Kraft ins Spiel zu bringen - den menschlichen Willen. Der Mensch hat in der Regel kaum eine Vorstellung von der Macht des Willens, doch jene, die sich schon einmal mit esoterischen Lehren befasst haben, wissen, dass der Wille eine der großen dynamischen Kräfte des Universums ist, und richtig genutzt und geführt er imstande ist, fast Wunder zu vollbringen.

»Energie und unbesiegbare Entschlossenheit« - sind das nicht prachtvolle Worte? Lerne sie auswendig – präge sie wie ein Stempel in dein Bewusstsein und sie werden dir eine ständige Inspiration in Stunden der Not sein. Wenn du diese Worte in dir, in deinem Selbst, vibrieren lassen kannst, wirst du ein Gigant unter Pygmäen sein. Sag diese Worte immer und immer wieder und beobachte dich, wie du mit neuem Leben erfüllt wirst – schau wie dein Blut zirkuliert – wie deine Nerven prickeln. Mach diese Worte zu einem Teil deiner selbst und geh dann neu vorwärts in den Kampf des Lebens, ermutigt und gestärkt. Setze sie in die Tat um. »Energie und unbesiegbare Entschlossenheit« - lass dies dein Motto im Alltag sein und du wirst einer jener seltenen Menschen sein, der fähig ist, »Dinge zu bewegen«.

Viele Menschen werden davon abgehalten, ihr Bestes zu tun, indem sie sich selbst im Vergleich mit den Erfolgreichen des Lebens unterbewerten oder, zutreffender ausgedrückt, indem sie die Erfolgreichen im Vergleich mit sich selbst überbewerten. Eine der kuriosen Beobachtungen all jener, die mit Leuten in Kontakt kommen, die »es geschafft haben«, besteht darin, dass diese erfolgreichen Leute überhaupt nicht außergewöhnlich sind. Du triffst dich mit irgendeinem berühmten Schriftsteller und bist enttäuscht, weil er einen so gewöhnlichen Eindruck macht. Seine Konversation ist alles andere als brillant und in der Tat kennst du eine Reihe alltäglicher Leute, die weit brillanter als dieser Mensch sind, der dich in seinen Büchern mit seiner Gescheitheit blendet. Du triffst einen großen Staatsmann und er scheint nicht annähernd so weise zu sein wie viele alte Leute deines Dorfes, deren Worte der Weisheit ungehört verschallen. Du triffst diesen mächtigen Industriekapitän und er vermittelt dir nicht annähernd jenen Eindruck von Schläue, die so manchen kleinen Schnäppchenjäger in deiner eigenen Stadt auszeichnet. Wie das? Ist die Reputation dieser Leute fiktiv oder was ist das Problem? Das Problem ist dies: Du hast dir vorgestellt, diese Leute bestünden aus edlerem Material und jetzt bist du enttäuscht, dass sie aus demselben Stoff wie du und die anderen um dich herum gemacht sind.

Aber, wirst du fragen, worin liegt nun die Größe ihrer Errungenschaft? Hauptsächlich darin: Glaube an sich selbst und die ihnen innewohnende Stärke; an ihr Vermögen, sich beim Arbeiten auf das Nächstliegende zu konzentrieren und an ihre Fähigkeit, sich ihre Kräfte zu erhalten, wenn sie nicht arbeiten. Sie glauben an sich selbst und stellen sicher, dass jede Anstrengung zählt. Dein weiser Dorfalter nämlich verschüttet seine Weisheit an jeder Ecke und redet mit einer Menge Idioten; wäre er wirklich weise, würde er seine Weisheit bei sich behalten und sie dort einsetzen, wo sie etwas ausrichtete. Der brillante Schriftsteller verschwendet seinen Geist nicht an jeder Ecke; ja, er verschließt sogar die Schublade, worin er seinen Geist aufbewahrt – und öffnet sie nur, wenn er bereit ist, sich zu konzentrieren und mit der Arbeit anzufangen. Der Industriekapitän hat kein Interesse, dir mit seiner Schläue und Pfiffigkeit zu imponieren. Das hat er nie getan, selbst als er jung war. Während seine Kumpels redeten, prahlten und sich aufblähten, war dieser zukünftige Finanzier dabei, »Holz zu sägen und den Mund zu halten«.

Die großen Menschen dieser Welt – d.h. jene, die »es geschafft haben« – unterscheiden sich nicht besonders von dir, mir oder den anderen – wir alle sind im Grunde genommen in etwa gleich. Du solltest sie nur treffen, um zu sehen, wie sehr »normal« sie in Wirklichkeit sind. Doch vergiss nicht die Tatsache, dass sie wissen, wie das ihnen innewohnende Material zu nutzen ist – während die große Masse es nicht weiß und sogar bezweifelt, ob es den wahren Stoff überhaupt gibt. Normalerweise legt die Person, die »es geschafft hat«, mit der Erkenntnis los, dass sie sich letztlich kaum von den erfolgreichen Leuten unterscheidet, über die sie so viel gehört hat. Das gibt ihr Zuversicht und folglich ist auch sie in der Lage, »die Dinge zu bewegen«. Anschließend lernt sie, ihren Mund zu halten, um ja keine Energie zu vergeuden.

Die Erfolgreichen speichern Energie und konzentrieren sich auf die vor ihnen liegende Arbeit, während ihre Weggefährten ihre Energien in jede Richtung verstreuen, indem sie angeberisch versuchen, den Leuten zu zeigen, wie smart sie doch sind. Die Person jedoch, die »auf dem Weg ist«, zieht es vor, mit dem wohlverdienten Applaus zu warten. Sie macht sich sehr wenig aus dem Lob, das sich auf bloße Versprechen in die Zukunft bezieht oder auf die Zurschaustellung von »Smartness« ohne Substanz.

Warum erzeugen Leute, die mit erfolgreichen Personen arbeiten, oft auch selbst den Erfolg? Weil sie in der Lage sind, die erfolgreiche Person zu beobachten und so etwas wie »den Kniff herausbekommen«, mit dem diese ihre Größe erreicht hat. Sie sehen, dass die Person ein normaler Mensch ist, doch dass sie durch und durch an sich selbst glaubt und auch keine Energie vergeudet, sondern all ihre Kraft den vor ihr liegenden Aufgaben widmet. Indem sie von diesem Beispiel profitieren, beginnen sie ihre Arbeit und setzen das Gelernte im eigenen Leben um.

Und was ist nun die Moral von der Geschichte? Einfach dies: Unterschätze dich nicht selbst, noch überschätze andere. Erkenne, dass du aus gutem Holz geschnitzt bist und dass in deinem Gedächtnis viel Gutes verborgen ist. Dann geh an die Arbeit, pack dieses Gute aus und mach was draus. Tu dies, indem du deine Aufmerksamkeit auf die Aufgaben vor dir richtest, wissend, dass viel mehr Gutes für die noch kommenden frischen Aufgaben für dich bereit steht. Leg dein Bestes in das anstehende Unternehmen und vernachlässige die augenblickliche Aufgabe nicht wegen irgendeiner zukünftigen. Dein Vorrat ist unerschöpflich. Vergeude deine wertvolle Energie auch nicht mit den Gaffern, Schaulustigen und Kritikern, die herumstehen, um dich bei der Arbeit zu beobachten. Heb dir die Energie für deine gute Arbeit auf und sei nicht zu schnell darauf aus, den Applaus zu ernten. Wenn du ein guter Schriftsteller bist, dann warte mit deinen guten Gedanken, bis du sie mit »Vervielfältigung« zu Geld machen kannst; bist du ein Geschäftsmann, dann heb dir deine klugen Entwürfe für die wirkliche Praxis auf; bist du Politiker, dann warte mit deiner Weisheit auf die kommende Gelegenheit. Vermeide auf jeden Fall, dein Pulver vorher zu verschießen – zum Beispiel vor der gaffenden Menge, die mit einer »freien Show« unterhalten werden möchte.

Das hört sich jetzt nicht nach umwerfend neuen Erkenntnissen an, doch für viele Menschen können sie ungemein hilfreich sein. Hör auf mit den Spielereien und komm zur Sache. Hör auf, gute Rohstoffe zu verschwenden; fang mit der Arbeit an und mach etwas Lohnenswertes daraus.

15

Beanspruche dein Eigenes

WÄHREND EINER kürzlichen Unterhaltung riet ich einer Frau, den Mut aufzubringen und nach dem gewissen Guten zu greifen, das sie sich seit Jahren gewünscht hatte und das nun endlich in greifbarer Sicht zu sein schien. Ich sagte ihr, es sehe so aus als würde ihr Verlangen soeben belohnt werden – dass das Gesetz der Anziehung es ihr bringen würde. Ihr fehlte jedoch der Glaube und sie wiederholte immer wieder: »Oh, es ist zu schön um wahr zu sein – es ist zu gut für mich!« Sie steckte in überbrachten Vorstellungen fest und obwohl sie in Sichtweite des Gelobten Landes war, weigerte sie sich, hineinzugehen, denn es war »zu gut für sie«. Ich denke, sie schließlich doch überredet zu haben, ihr Eigenes zu beanspruchen, denn nach letzten Informationen scheint sie es gerade in Besitz zu nehmen.

Doch das ist nicht, was ich dir sagen wollte. Ich möchte deine Aufmerksamkeit auf die Tatsache lenken, dass nichts zu gut für DICH ist – egal wie großartig dieses auch sein mag – egal wie unverdient es dir auch erscheint. Du hast ein Recht auf das Beste, was es gibt, denn es ist dein direktes Erbe. Hab daher keine Angst, zu bitten – zu fordern – und zu nehmen. Das Gute dieser Welt bleibt nicht irgendwelchen bevorzugten Söhnen oder Töchtern vorenthalten. Es gehört allen, aber es kommt nur zu jenen, die klugerweise erkennen, dass das Gute ihnen rechtmäßig zusteht und die mutig genug sind, es sich zu holen. Viel Gutes geht verloren, weil es nicht eingefordert wurde. Viele prächtige Dinge gehen dir verloren, weil du meinst, ihrer nicht würdig zu sein. Viele tolle Angebote gehen dir verloren, weil dir die Zuversicht und der Mut fehlen, sie anzufordern und in Besitz zu nehmen.

»Nur der Mutige verdient das Schöne«, sagt ein altes Sprichwort, und die Regel trifft auf alle Arten menschlicher Anstrengung zu. Wenn du ständig wiederholst, des Guten unwürdig zu sein, dass es zu gut für dich sei, wird das Gesetz dich beim Wort nehmen und dir glauben, was du sagst. Das ist ein so eine Eigenart des Gesetzes – es glaubt, was du sagst – es nimmt dich beim Wort. Achte also darauf, was du zu ihm sagst, denn es neigt dazu, dir Glauben zu schenken. Sag ihm, dass du das Beste von allem verdienst und das Gesetz wird dich ernst nehmen und sagen: »Ich denke, er hat Recht; ich werde ihm die gesamte Firma geben, wenn er sie haben will – er kennt seine Rechte und es bringt nichts, sie ihm zu verweigern!« Doch wenn du sagst: »Oh, das ist zu gut für mich!", wird das Gesetz wahrscheinlich sagen: »Nun, es würde mich nicht wundern, wenn dem wirklich so ist. Er wird es sicher besser wissen und warum sollte ich ihm widersprechen.« So läuft es.

Warum sollte irgendetwas zu gut für dich sein? Hast du jemals daran gedacht, wer und was du genau bist? Du bist eine Manifestation des Ganzen und hast ein absolutes Recht auf alles, was da ist. Oder, wenn du es auf diese Weise bevorzugst, du bist ein Kind des Unendlichen und Erbe des Ganzen. Beides ist wahr. Jedenfalls, egal um was du bittest, du forderst nur dein Eigenes. Und je mehr du es einforderst – je zuversichtlicher du bist, es zu erhalten – umso mehr wirst du danach greifen, umso sicherer wirst du sein, es zu bekommen.

Starkes Verlangen – zuversichtliche Erwartung – Mut im Tun – diese Dinge bringen dich zu deinem Eigenen. Doch bevor du diese Kräfte in Bewegung bringst, musst du zu der Erkenntnis kommen, dass du lediglich um dein Eigenes bittest und nicht um etwas, auf das du kein Recht oder Anspruch hast. Solange in deinem Bewusstsein der kleinste Zweifel in Bezug auf die Dinge besteht, die du haben willst, wirst du dem Wirken des Gesetzes einen Widerstand entgegensetzen. Du kannst so heftig fordern wie du willst, aber dir wird der Mut zum Handeln fehlen, solange du an deinem Recht auf das gewünschte Gute zweifelst. Solange du fortfährst, das gewünschte Gute anzusehen, als gehörte es jemand anderem statt dir selbst, wirst du dich in die Position des habgierigen und neidischen Menschen bringen oder sogar in die Position eines in Versuchung geführten Diebes. In solch einem Fall wird dein Unterbewusstsein gegen eine Fortsetzung der Arbeit revoltieren, denn es wird instinktiv davor zurückschrecken, sich zu holen, was ihm nicht gehört – das Unterbewusstsein ist ehrlich. Doch wenn du erkennst, dass das Beste des Universums dir gehört, einem göttlichen Erben dieses Universums, und dass es für alle genug gibt, ohne dass du jemanden berauben musst; dann ist das Hindernis entfernt, die Barriere durchbrochen und das Gesetz fährt fort, seine Arbeit zu tun.

Ich glaube nicht an diese Sache mit der »Bescheidenheit«. Diese demütige und erniedrigende Haltung gefällt mir nicht – sie macht überhaupt keinen Sinn. Die Idee, eine Tugend aus diesen Dingen zu machen, wenn der Mensch doch der Erbe des Universums ist und Anspruch hat auf was immer er zu seinem Wachstum, Glück und Zufriedenheit braucht!

Damit ist nicht gemeint, jemand solle eine polternde und dominante Geisteshaltung annehmen – das ist ebenso absurd, denn wahre Stärke zeigt sich nicht auf diese Weise. Der Polterer ist ein bekennender Schwächling – er poltert, um seine Schwäche zu verbergen. Der wahrhaft starke Mensch ist gelassen, in sich selbst ruhend und wird von einem Bewusstsein der Stärke getragen, welches das Poltern und Vortäuschen von Stärke überflüssig macht. Doch komm los von dieser Fixierung auf »Bescheidenheit« - dieser »demütigen und sich selbst erniedrigenden« Geisteshaltung. Denk an das schreckliche Beispiel von Uriah Heep [Romanfigur in

Charles Dickens' *David Copperfield*; d.Ü.] und hüte dich davor, ihn zu imitieren. Wirf deinen Kopf nach hinten und schau der Welt direkt ins Gesicht. Es gibt nichts zu befürchten – die Welt hat vor dir genauso viel Angst! Sei ein Mann oder eine Frau und kein kriechendes Geschöpf! Dies bezieht sich sowohl auf deine Geisteshaltung als auch auf dein äußeres Benehmen. Beende dieses Kriechertum in dir. Sieh dich selbst als aufrecht stehend und dem Leben ohne Furcht begegnend, und du wirst allmählich in deine Idealvorstellung hineinwachsen.

Nichts ist zu gut für dich – rein gar nichts. Nicht einmal das Beste, was es gibt, ist gut genug für dich, denn es liegt immer noch etwas Besseres vor dir. Das schönste Geschenk, das die Welt anzubieten hat, ist bloßer Tand im Vergleich zu den großartigen Dingen im Kosmos, die dich im Lauf deiner Entwicklung noch erwarten. Hab daher keine Angst, nach diesen Spielereien des Lebens zu greifen – dem Tand dieser Bewusstseinsebene. Greif nach ihnen – nimm dir eine ganze Handvoll – spiel mit ihnen bis du müde bist; dafür sind sie ja schließlich gemacht. Sie sind zum ausdrücklichen Gebrauch bestimmt – nicht zum Anschauen, sondern um damit zu spielen, wenn du willst. Bediene dich – ein ganzer Laden voll von diesen Spielsachen erwartet dein Verlangen, Fordern und Annehmen. Sei nicht schüchtern! Lass mich nie wieder dieses alberne Gerede darüber hören, etwas sei zu gut für dich. Pah! Du warst wie des Kaisers kleiner Sohn, der dachte, die Zinnsoldaten und Spieltrommel wären viel zu gut für ihn und daher nicht nach ihnen griff. In der Regel findest du dieses Verhalten nicht bei Kindern. Sie erkennen instinktiv, dass nichts zu gut für sie ist. Sie wollen mit allem, was in Reichweite ist, spielen und meinen, die Dinge seien rechtmäßig die ihren. Und das ist die Bewusstseinshaltung, die wir Suchende nach dem göttlichen Abenteuer kultivieren müssen. Nur wenn wir wieder werden wie kleine Kinder, können wir in das Königreich der Himmel eintreten.

Die Dinge, die wir um uns herum sehen, sind die Spielsachen aus Gottes Kindergarten, Spielsachen, die wir in unseren Spielaufgaben verwenden. Bediene dich! Bitte darum ohne Schüchternheit, fordere so viele wie du benutzen kannst - sie sind dein. Und wenn du etwas nicht siehst, was du möchtest, frag danach - in den Regalen und Lagern liegt ein riesiger Vorrat bereit. Spiel, spiel, spiel, nach Herzenslust. Spiele das Spiel durch, und spiele es gut. Und fordere alle geeigneten Materialien für das Spiel - sei nicht schüchtern - es gibt mehr als genug für alle.

Doch denke daran! Während all dies zwar wahr ist, so sind die besten Dinge doch immer nur Spielsachen - Spielzeug, Blöcke, Matten, Würfel und alles andere. Nützlich, höchst nützlich zum Lernen der Lektionen - angenehm, höchst angenehm um damit zu spielen - und wünschenswert, höchst wünschenswert für diese Zwecke. Zieh allen Spaß und Gewinn, den du kriegen kannst, aus der Nutzung dieser Dinge. Wirf dich mit Elan in das Spiel hinein und spiele es durch - es ist GUT. Doch denke daran - verlier niemals aus den Augen -, dass diese guten Sachen nur Spielsachen sind, ein Teil des Spiels. Du musst absolut willens sein, sie beiseite zu legen, wenn die Zeit kommt, in die nächste Klasse herüberzuwechseln, und dann schreie und trauere bitte nicht, weil du deine Spielsachen zurücklassen musst. Lass nicht zu, dass du dich übermäßig an sie bindest - sie sind für deinen Gebrauch und Spaß, aber kein Teil von dir - nicht wirklich wichtig für dein Glück auf der nächsten Stufe.

Verachte sie nicht wegen ihres Mangels an Realität - sie sind, relativ gesehen, großartige Dinge, und du magst so viel Spaß aus ihnen ziehen wie du kannst - sei kein spiritueller Tugendbold, der abseits steht und sich weigert, am Spiel teilzunehmen. Doch binde dich nicht an sie - sie sind gut zum Gebrauch und um damit zu spielen, aber nicht gut genug, um dich zu gebrauchen und dich zu einem Spielzeug zu machen. Lass die Spielsachen nicht den Spieß gegen dich umdrehen.

Dies ist der Unterschied zwischen dem Meister der Umstände und dem Sklaven der Umstände. Der Sklave denkt, diese Dinge seien real und dass er nicht gut genug für sie sei. Er bekommt nur ein paar Spielsachen, weil er Angst hat, um mehr zu bitten, und so verpasst er den Großteil des Spaßes. Indem er nun die Spielsachen als real ansieht und nicht bemerkt, dass es dort, wo sie herkommen, noch viel mehr gibt, bindet er sich an die paar kleinen Schmuckstücke und erlaubt ihnen, dass sie ihn zu ihrem Sklaven machen. Er hat Angst, man könnte sie ihm wegnehmen und er hat Angst, einfach quer über den Boden zu rutschen und sich an den anderen Spielsachen zu ergötzen.

Der Meister weiß, dass alles sein ist, wenn er nur darum bittet. Er fordert das ein, was er von einem Tag zum anderen braucht und wird sich nie zuviel aufladen, denn er weiß, dass es dort draußen sehr viel mehr gibt und dass ihm nichts vorenthalten werden kann. Er spielt und spielt gut, und genießt die Zeit des Spielens - er lernt seine Kindergartenlektionen während des Spielens. Doch er wird sich nicht zu sehr an seine Spielsachen binden. Er ist willens, die abgenutzten Spielsachen wegzuwerfen und nach neuen zu greifen. Und wenn er zur Beförderung ins nächste Zimmer gerufen wird, lässt er die verschlissenen Spielsachen des Tages auf den Boden fallen und marschiert mit glänzenden Augen und selbstsicherer Haltung hinein in das Große Unbekannte, mit einem Lächeln im Gesicht. Er hat keine Furcht, denn er hört die Stimme der Lehrerin und weiß, dass sie dort auf ihn wartet - in jenem großartigen Zimmer nebenan.

16
Gesetz, nicht Zufall

VOR EINIGER Zeit sprach ich mit einem Mann über die Anziehungsmacht der Gedanken. Er glaubte nicht, durch Gedanken irgendetwas an sich heranziehen zu können, und dass alles doch nur Glückssache sei. Er hatte herausgefunden, sagte er, dass das Unglück ihn unbarmherzig verfolgte und dass alles, was er anfasste, schief ging. So war es immer gewesen und so würde es immer sein und er hatte sich daran gewöhnt, es hinzunehmen. Jedes Mal, wenn er etwas Neues anfing, wusste er bereits im Voraus, dass es schief gehen und nichts Gutes dabei herauskommen würde. Oh nein! Nichts war dran an der Theorie der Gedankenanziehung, soweit es ihn betraf; alles war nur reine Glückssache!

Dieser Mann verkannte, dass er mit seinem Eingeständnis das überzeugendste Argument für das Gesetz der Anziehung lieferte. Er gab an, zu erwarten, dass immer alles schief gehen und dies dann auch eintreten würde. Damit lieferte er eine großartige Veranschaulichung des Gesetzes der Anziehung – nur war es ihm nicht bewusst und kein Argument schien ihm dies klarmachen zu können. Er kämpfte »gegen alles« und es gab keinen Ausweg – stets erwartete er Unglück, und jedes Ereignis bewies ihm aufs Neue, dass er Recht hatte und dass die von der Geistigen Wissenschaft vertretene Position bloßer Unsinn sei.

Viele Leute scheinen zu glauben, das Gesetz der Anziehung funktioniere einzig durch angestrengtes, starkes und standhaftes Wünschen. Sie scheinen nicht zu erkennen, dass ein starker Glaube ebenso wirksam ist wie ein starker Wunsch. Der erfolgreiche Mensch glaubt an sich selbst und an seinen ultimativen Erfolg, indem er den kleinen Rückschlägen, Fehltritten und Ausrutschern keine Beachtung schenkt und eifrig seinem Ziel entgegen strebt, die ganze Zeit fest daran glaubend, dass er dort ankommen wird. Seine Ansichten und Ziele mögen sich verändern, je weiter er voranschreitet, und er mag seine Pläne ändern oder sie sich für ihn ändern lassen, aber die ganze Zeit über weiß er in seinem Herzen, dass er schlussendlich »ankommen« wird. Er wünscht sich nicht beständig, dort anzukommen – er fühlt und glaubt es einfach und setzt dadurch die stärksten Kräfte frei, die in der Gedankenwelt bekannt sind.

Der Mensch, der ebenso standhaft glaubt zu versagen, wird ausnahmslos versagen. Was könnte er auch dagegen unternehmen? Das hat nichts mit Zauberei zu tun. Alles, was er tut, denkt und sagt, ist mit dem Gedanken des Versagens getränkt. Andere Leute bemerken seinen Gemütszustand und hören auf, ihm und seinen Fähigkeiten zu vertrauen, was er wiederum als weitere Beweise für sein ständiges Pech ansieht, statt sie seinem Glauben und seiner Erwartung des Misserfolgs zuzuschreiben. Die ganze Zeit über redet er sich selbst den Misserfolg ein und zieht somit unweigerlich die Auswirkungen der Autosuggestion auf sich. Durch seine negativen Gedanken verschließt er zudem den Teil seines Verstands, von wo die dem Erfolg zuträglichen Ideen und Pläne eigentlich kommen sollten, so wie sie zu dem Menschen kommen, der Erfolg erwartet, weil er daran glaubt. Ein Zustand der Entmutigung ist keiner, in dem uns glänzende Ideen zufließen können. Nur wenn wir begeistert und hoffnungsvoll sind, produziert unser Geist die glänzenden Ideen, die wir uns dann zu Nutze machen können.

Menschen fühlen instinktiv die Atmosphäre des Misserfolgs, von der einige ihrer Mitmenschen umgeben sind. Umgekehrt erkennen sie ein gewisses Etwas an anderen, das sie veranlasst zu sagen, wenn sie von einem vorübergehenden Missgeschick hören, das diesen befallen hat: »Oh, er wird da schon herauskommen – er lässt sich nicht unterkriegen!« Es ist die durch die vorherrschende geistige Haltung erzeugte Atmosphäre. Bereinige deine geistige Atmosphäre!

So etwas wie Zufall gibt es nicht. Alles wird vom Gesetz bestimmt, und alles geschieht aufgrund des Gesetzes. Du kannst nicht die kleinste Sache nennen, die jemals durch Zufall entstand – versuche es und unterziehe die Sache dann einer gründlichen Analyse und du wirst sie als ein Resultat des Gesetzes erkennen. Es ist so klar wie Mathematik. Plan und Zweck; Ursache und Wirkung. Von den Bewegungen der Welten zum Wachstum des Senfkorns – alles ist die Wirkung des Gesetzes. Der Fall eines Steins den Berghang hinunter ist kein Zufall – Kräfte, die seit Jahrhunderten am Wirken sind, lösten es aus. Und hinter dieser Ursache standen andere Ursachen und so weiter, bis die unbegründete Ursache erreicht ist.

Auch das Leben ist kein Zufallsresultat – das Gesetz greift hier ebenfalls. Das Gesetz arbeitet unablässig, ob du es weißt oder nicht – ob du es glaubst oder nicht. Vielleicht bist du das unwissende Objekt, auf welches das Gesetz einwirkt, und schaffst dir allen möglichen Ärger durch deine Unwissenheit über, oder deinen Widerstand gegen, das Gesetz. Vielleicht passt du dich aber auch an die Wirkungsweise des Gesetzes an – lässt dich von seiner Strömung treiben, wenn man so will – und das Leben wird dir völlig anders begegnen. Du kannst dich nicht außerhalb des Gesetzes stellen, nur weil du nichts damit zu tun haben willst. Du hast die Freiheit, dich ihm zu widersetzen und all die Reibereien zu produzieren, die du dir wünschst – dem Gesetz tut das nicht weh and du kannst solange damit weitermachen, bis du deine Lektion gelernt hast.

Das Gesetz der Gedankenanziehung ist ein Name für ein Gesetz oder besser gesagt für eine seiner Manifestationen. Ich sage nochmals, deine Gedanken sind real. Sie gehen von dir weg in alle Richtungen, verbinden sich mit gleichgesinnten Gedanken - widersetzen sich fremdartigen Gedanken - Verknüpfungen bildend - dorthin gehend, von wo aus sie angezogen werden - Gedankenzentren meidend, die sich ihnen entgegenstellen. Und deine Geisteshaltung zieht die Gedanken anderer, die von diesen bewusst oder unbewusst ausgesendet wurden, an. Aber sie zieht nur jene Gedanken an, die in Harmonie mit ihren eigenen stehen. Gleiches zieht Gleiches an und Gegensätzliches stößt Gegensätzliches ab, in der Gedankenwelt.

Wenn du deine Geisteshaltung auf die Grundnote »Mut, Zuversicht, Stärke und Erfolg« einstimmst, ziehst du Gedanken der gleichen Art an; Menschen mit gleichem Charakter; alles, was der geistigen Grundstimmung entspricht. Deine vorherrschende Denkhaltung oder Gemütsverfassung bestimmt das, was sich letztlich zu dir hingezogen fühlt - wählt sich deinen geistigen Bettgenossen aus. Heute setzt du Gedankenströme in Bewegung, die zu gegebener Zeit Gedanken, Menschen und Zustände an dich ziehen werden, die in Harmonie mit der vorherrschenden Grundhaltung deines Denkens stehen. Dein Denken wird sich mit dem Denken anderer Menschen gleichen Charakters und Geisteshaltung verbinden, ihr werdet euch gegenseitig anziehen und mit Sicherheit über kurz oder lang zu einem gemeinsamen Zweck zusammenfinden, es sei denn, der eine oder andere von euch ändert die Richtung seiner Gedankengänge.

Passe dich der Wirkungsweise des Gesetzes an. Mache es zu einem Teil deiner selbst. Tauche in seine Strömung ein. Bewahre dir deine Geisteshaltung: Stimme sie auf die Grundnote Mut, Zuversicht und Erfolg ein. Setze dich mit all jenen Gedanken in

Verbindung, die stündlich von hunderten anderer gleich gesinnter Menschen ausgesandt werden. Hole dir das Beste, das man in der Gedankenwelt bekommen kann. Das Beste ist da, gib dich also nicht mit weniger zufrieden. Gehe eine Partnerschaft mit guten Geisteshaltungen ein. Lasse dich in die richtigen Schwingungen versetzen. Du musst es müde sein, von den Auswirkungen des Gesetzes herumgestoßen zu werden - versetze dich in Harmonie mit ihm.

Kurzbiografie
William Walker Atkinson

WILLIAM WALKER Atkinson (1862-1932) gilt als ein bedeutender und einflussreicher Vertreter des frühen *New Thought Movement* (Neugeist-Bewegung) in den Vereinigten Staaten. Wenig ist bekannt über seine Kindes- und Jugendzeit. 1882 begann er eine Karriere als erfolgreicher Geschäftsmann, erhielt 1884 seine Zulassung als Rechtsanwalt in Pennsylvania. Durch Kompetenz und Tüchtigkeit erwarb er sich Ansehen und Wohlstand, doch beruflicher Stress und Überbeanspruchung forderten ihren Tribut. Er wurde psychisch und physisch krank, erlitt einen schweren Nervenzusammenbruch und am Ende finanziellen Ruin.

Völlig ausgebrannt und am Boden zerstört, sehnte er sich nach körperlicher und vor allem spiritueller Heilung, die er in den späten 1880er Jahren in der aufkeimenden neugeistigen Weltanschauung fand. Er übernahm deren positiv-dynamische Lebenseinstellung und erlangte allmählich seine frühere Schaffenskraft zurück.

Schon bald nach seiner Genesung begann Atkinson, Artikel über die Wahrheiten zu schreiben, die er meinte in der *Mental Science*, wie anfangs die Neugeist-Bewegung noch genannt wurde, gefunden zu haben. 1889 erschien sein erster Artikel in der neuen Zeitschrift *Modernes Denken* von Charles Fillmore, dem Begründer der Unity Church und wohl einflussreichsten Mitglied der Bewegung in dieser Zeit. Atkinson widmete sich fortan mit voller Kraft der neu entdeckten Lebensphilosophie. Er zog nach Chicago, dem damaligen Zentrum der Neugeist-Bewegung, wo er sich als Redakteur, Autor und aktiver Förderer der Bewegung einen Ruf machte. 1900 erschien sein Buch *Gedankenkraft im Geschäfts- und Alltagsleben*, das erste einer ganzen Serie, die unter der Bezeichnung *Flowers*

Collection bekannt wurde (wohl nach Sydney Flower, einem Verleger und Geschäftsmann, für dessen populäres Magazin *Neues Denken* er von 1901-1905 als Chefredakteur arbeitete). Atkinsons Schaffensdrang schien unermüdlich. Zwischen 1901 und 1915 schrieb er dutzende Bücher und zahllose Artikel, gründete seinen eigenen *Psychic Club* und das *Atkinson Kolleg der Geistigen Wissenschaft*.

Noch während er als Chefredakteur für *Neues Denken* wirkte, begann Atkinson sich für Hinduismus und Yoga zu interessieren. Biografien berichten von einem Inder namens Baba Bharata, mit dem Atkinson sich zusammengetan und Yoga-Bücher produziert haben soll. 1903 erschien das erste Yoga-Buch unter dem Pseudonym Yogi Ramacharaka, zwölf weitere folgten. Alle Yoga-Titel wurden von der *Yogi Publication Society* in Chicago verlegt und erreichten weit mehr Leser als Atkinsons Neugeist-Bücher. Sie sind größtenteils noch heute als Nachdrucke im Umlauf.

Trotz aller Aktivitäten als Chefredakteur, Verleger, Autor, Kolleg-Leiter usw. ließ es sich Atkinson nicht nehmen, ab 1903 auch wieder seinen alten Beruf als Rechtsanwalt auszuüben. Wenn er also imstande war, all dies zu praktizieren, was er in seinen Büchern verkündete, dann muss ihm die neue Lebensphilosophie in der Tat ungemein viel persönlichen Gewinn gebracht haben! Auch in seinen späteren Lebensjahren blieb er der Neugeist-Bewegung treu, editierte immer wieder verschiedene einschlägige Zeitschriften und war eine Zeit lang Ehrenpräsident der Internationalen Neugeist-Allianz. William Walker Atkinson verstarb am 22. November 1932 in Kalifornien. Er war einer der ganz Großen des *New Thought Movement*, dem später berühmte Lehrer und Schriftsteller wie Prentice Mulford, Joseph Murphy, Norman Vincent Peale und Catherine Ponder folgen würden. Die Neugeist-Lebensphilosophie überstand alle Zeiterscheinungen und übte z.B.

Anfang der 1980er Jahre einen enormen Einfluss auf die New Age-Bewegung aus. Ja selbst im 21. Jahrhundert scheint sie nichts von ihrer Ausstrahlungskraft verloren zu haben, wie zahlreiche populär aufbereitete Medienpublikationen (Beispiel: *The Secret* von Rhonda Byrne) immer wieder aufs Neue beweisen.

Im gleichen Verlag erschienen:

Gert B. Ritsch

Deine Abkürzung zu Glück + Erfolg

Um Glück und Erfolg zu erlangen, muss man nicht zwei Drittel seines Lebens oder länger hart schuften. Es gibt eine Abkürzung, die einen schnell und leicht zu seinen Traumzielen bringt. Und auch noch Spaß macht.

Ein Sprichwort sagt: »Jeder ist seines eigenen Glückes Schmied«. Aber *womit* und *wie* schmiede ich mein eigenes Glück?

Autor Gert B. Ritsch liefert mit seinem »Praxisbuch der Bejahungen« genau die Werkzeuge, die zum Schmieden des Lebensglücks unabdingbar sind. Anhand von systematischen Lektionen, zahlreichen Beispiel-Bejahungen für alle Lebensbereiche und einer »4-Wochen Bejahungs-Kur« wird knapp und präzise aufgezeigt, wie man sich selbst nachhaltig auf Erfolg programmiert und alles erreichen kann, was man sich im Leben wünscht.

128 Seiten

ISBN-13: 978-3-938219-02-7
ISBN-10: 3-938219-02-5

Wallace D. Wattles

Die Wissenschaft des Reichwerdens

Viele Menschen fühlen sich überfordert, wenn sie aus der Fülle der angebotenen Literatur und Methoden zur Bewusstseinserweiterung und Selbstmotivation das für sie Richtige herausfinden sollen. In Zeiten, die gemeinhin geprägt sind von zunehmender Komplexität in allen Lebensbereichen, kann es daher heilsam sein, zurück zu den Wurzeln zu gehen, sich erneut auf das Wesentliche zu besinnen.

Auf das Wesentliche konzentriert sich auch der lange vergessene Klassiker »Die Wissenschaft des Reichwerdens« von Wallace D. Wattles, der erstmals 1910 erschien und seit einigen Jahren ein erstaunliches Comeback vor allem in seiner Heimat Amerika erlebt.

Tatsächlich geht von diesem in ungewöhnlich direkter und spartanischer Sprache verfassten Ratgeber eine besondere Faszination aus, nicht zuletzt weil das schrittweise vorgetragene Aktionsprogramm zum Reichwerden so verblüffend logisch und einleuchtend klingt.

Aktuelle wissenschaftliche Bedeutung erlangen Wattles' Thesen zudem durch ihren Bezug auf Erkenntnisse, die erst in den letzten Jahren von der Neuen Physik um Ervin Laszlo auf Basis der Psi-Feld-Theorie neu formuliert wurden.

100 Seiten

ISBN-13: 978-3-938219-03-4
ISBN-10: 3-938219-03-3